JOUBERT

JEAN PAUL CLARENS

JOUBERT

OUVRAGE

COURONNÉ PAR LA SOCIÉTÉ NATIONALE D'ENCOURAGEMENT AU BIEN

— GRANDE MÉDAILLE D'OR —

NOUVELLE ÉDITION

PARIS

ALBERT SAVINE, ÉDITEUR

NOUVELLE LIBRAIRIE PARISIENNE

12, RUE DES PYRAMIDES, 12

Que restera-t-il dans quelques années de l'incroyable production littéraire de notre temps ?

Assurément bien peu de chose. Et cependant vit-on jamais flot plus envahisseur ?

La cohue est indescriptible. Mais quel amas d'inutilités encombrantes, de bruyantes niaiseries, de tapageuses vanités !

Aussi, est-ce pour faire contraste à cette fièvre de littérature effrénée, à ces œuvres hâtives et malsaines que nous offrons aux intellectuels écœurés des platitudes et des excès de décadence quelques pages écrites sur un petit livre immortel.

Les Pensées de Joubert, ce bienfaisant

génie, dureront autant que l'esprit français ; elles brilleront d'un éclat toujours plus pur et resplendissant alors que se seront évanouies dans la nuit épaisse de l'oubli les célébrités les plus en vue de notre époque.

En effet si, selon l'expression de l'auteur des Pensées, « il est des livres où l'on respire un air exquis » c'est bien celui que nous allons analyser.

Pas de meilleur ami que ce recueil unique où l'on sent palpiter l'âme du doux philosophe qui sut planer si haut dans les régions de la Lumière Éternelle.

Livre de chevet par excellence, qui mieux que lui sait rendre l'espoir aux désespérés, le courage aux abattus, le calme aux tourmentés, l'équilibre intellectuel et moral à ceux qui oscillent douloureusement entre toutes les contradictions de la Pensée contemporaine ?

« Ceux-là seuls veillent, ô mon Dieu, qui pensent à
vous et qui vous aiment. Tous les autres sont endormis ;
ils font des rêves et s'attachent à des fantômes. Vous seul,
êtes la Réalité. »

« Je voudrais mettre tout un livre dans une page ;
toute une page dans une phrase ; toute une phrase dans
un mot. »

« On demande sans cesse de nouveaux livres, et il y a
dans ceux que nous avons depuis longtemps, des trésors
inestimables de science et d'agréments qui nous sont
inconnus, parce que nous négligeons d'y prendre garde.
C'est le grand inconvénient des livres nouveaux ; ils nous
empêchent de lire les anciens. »

« Il n'est permis de parler aux hommes de la destruction que pour les faire songer à la durée, et de la mort que
pour les faire songer à la vie ; car la mort court à la vie,
et la destruction se précipite dans la durée. »

« Notre chair n'est que notre pulpe ; nos os, nos mem-
branes, nos nerfs ne sont que la charpente du noyau où
nous sommes enfermés comme en un étui. C'est par exfolia-
tions que l'enveloppe corporelle se dissipe ; mais l'amande
qu'elle contient, l'Être Invisible qu'elle enserre, demeure
indestructible. Le tombeau nous dévore mais ne nous
absorbe pas ; nous sommes consumés, non détruits. »

« Excelle et tu vivras. »

J. JOUBERT *(Pensées)*.

JOUBERT

Lorsque, pendant des années, on a vécu dans l'intimité intellectuelle d'un penseur et d'un moraliste aussi passionnant que Joubert, il est difficile de se résoudre à ébaucher une esquisse de son doux et pénétrant génie, tant la tâche paraît complexe et périlleuse, tant il est malaisé de résumer en quelques traits précis la caractéristique d'une œuvre aussi exceptionnelle, aussi originale que les *Pensées* et la *Correspondance*.

Nourri de cette substantielle moëlle, l'esprit éprouve une extrême difficulté à opérer le travail nécessaire de synthèse et de condensation pour présenter en un *Tout* les impressions diverses que l'œuvre du philosophe Joubert a fait naître en lui.

Assiégée de mille souvenirs brillants et indélébiles, la mémoire est impuissante à coordonner en

les classant avec méthode, les aperçus admirables
de justesse, les maximes resplendissantes de l'éclat
du vrai, les pensées morales empreintes d'une
inexprimable douceur, les vues spéculatives ou
esthétiques illuminées intérieurement par les clartés
exquises de l'Idéalisme le plus pur ; aussi doit-elle
se résoudre à un rôle effacé, dans une étude entreprise pour vulgariser la connaissance de ce délicat
méditatif, de ce subtil penseur que la postérité
confondra avec La Bruyère et Vauvenargues dans
une égale admiration.

Nous allons, ici, sans insister sur le côté bio-
graphique déjà fouillé de main de maître, nous
demander quel peut être cet homme que les plus
grands esprits du siècle se plaisent à citer comme
un modèle d'atticisme et de finesse, de concision et
d'élégance, de profondeur et d'ingéniosité.

Depuis quelques années, il existe dans les sphères
supérieures de l'intelligence contemporaine un cou-
rant de sympathie de plus en plus élargi pour
l'œuvre de Joubert. L'aristocratie de l'élite, s'il

nous est permis de nous servir de cette expression, estime à sa haute valeur le philosophe et le critique qui fut le centre du groupe littéraire le plus remarquable peut-être de notre XIXe siècle ; mais la majorité des esprits distingués d'aujourd'hui ignore presque absolument l'homme de bien et le délicat penseur entouré jadis des amitiés les plus illustres, et dont l'influence a été si salutaire sur l'initiateur de notre littérature moderne, sur l'écrivain prodigieux à qui nous devons les *Martyrs* et le *Génie du Christianisme*.

Nos efforts personnels n'aboutiraient-ils qu'à inspirer à un petit nombre le désir d'entrer dans l'intimité de Joubert, que nous estimerions avoir contribué dans une large part à leur progrès intellectuel et moral, car il suffit d'être ici-bas « l'apôtre d'un seul homme ».

C'est pourquoi nous allons essayer, dans la mesure de nos forces, d'aider à la vulgarisation d'une œuvre au niveau des plus belles, œuvre débordant de spiritualisme salutaire, monument indestructible d'un Platon chrétien.

C'est à Mme de Beaumont que Joubert écrivait, dans une de ses heures languissantes de valétudinaire : « Je demande tous les jours à Dieu de me donner assez de vie pour placer dans votre alcôve les livres que vous devez lire. Si je puis mûrir ce choix, j'estimerai mon rôle accompli. »

Pensée profonde sous une apparence de puérile exagération ; souci touchant, si on se rappelle la tendre amitié que le philosophe avait pour cette femme d'élite, qu'il définissait « une admirable intelligence » ; mais surtout, vérité singulière et d'une valeur considérable pour qui comprend toute l'importance, dans la vie intellectuelle, d'une direction prudente, d'une expérience assagie, d'un goût éclairé.

Ce que Joubert n'a pu être envers Pauline de Montmorin que la mort lui a si prématurément ravie, il doit le devenir tous les jours davantage pour les esprits soucieux de déployer leurs ailes et d'agrandir leurs horizons.

C'est à cette auguste tâche qu'est voué l'auteur des *Pensées*.

Sa douce sagesse, sa consolante philosophie, sa science achevée du sentiment, attireront à lui tous ceux dont l'âme a besoin d'une forte hygiène morale, tous ceux qui, dans la fièvre troublante de

l'activité moderne, flottent au gré de doctrines
malsaines ou contradictoires, et qui, faute de sou-
tien, se laissent glisser insensiblement sur la pente
fatale du doute et de la négation, c'est-à-dire du
désespoir et de la mort.

D'ailleurs, la règle morale de Joubert n'exige pas,
pour porter ses fruits, une atmosphère d'exception.
Toute sa philosophie, vieille comme le bon sens,
limpide comme la lumière, est avant tout une philosophie chrétienne comme l'entendait Leibnitz dans
son « *Est quœdam perennis philosophia* ».

Elle joint à la fermeté d'Epictète la touchante
austérité de Marc-Aurèle ; elle est issue directement
de celle de Pascal, écrasant tous les efforts passés,
présents et futurs du rationalisme exclusif, car si
l'aigle de Port-Royal a dit : « Le cœur a ses raisons
que la raison ne connaît pas », l'auteur des *Pensées*
a écrit avec une concision non moins frappante
cette phrase dont le sens devrait être continuelle-
ment médité : « Je ne veux ni d'un esprit sans
lumière, ni d'un esprit sans bandeau. Il faut savoir
bravement s'aveugler pour le bonheur de la vie. »

Il s'est rencontré pourtant des critiques superficiels qui ont cru devoir reprocher à Joubert de

n'avoir rien inventé en morale, en esthétique ou en philosophie, et de n'être qu'un traducteur ingénieux de la sagesse banale, celle qui court les rues.

On a même cherché à ne voir en lui qu'un émailleur habile, qu'un lapidaire minutieux de la pensée; et le parti-pris a été, dans certains milieux, jusqu'au point de lui méconnaître toute originalité, toute inspiration géniale, toute valeur personnelle autre que celle d'un classificateur d'idées vieillies, d'une sorte de numismate érudit de la monnaie commune.

Cette opinion implique une bien fausse conception du génie. Incontestablement, si, par amour irréfléchi de la nouveauté, on cherche dans les *Pensées* des vues compliquées et bizarres, des solutions inattendues aux problèmes éternels, on aura raison de reprocher à Joubert sa soi-disant infériorité de spéculatif.

Il n'a pas inventé de système, n'a jamais fondé d'école, n'a point cherché d'explications subtiles au sens énigmatique de la vie : il s'est contenté de suivre les voies tracées, d'allier avec une sagacité parfaite le passé au présent, l'antiquité aux temps modernes, de ne rien répudier d'utile de l'héritage des siècles et de ne rien perdre des bienfaits inappréciables de la tradition. C'est un *ancien* dans toute l'acception du mot. Car selon ses expressions « la magie du passé le séduit aussi complètement que celle de l'avenir ». A ses yeux, l'Humanité forme un tout indissoluble dont les manifestations, c'est-à-dire les nationalités, les civilisations, les littératures, doivent être considérées comme le développement normal et rythmique de la Pensée Initiale, de l'Intelligence Suprême. Son sage éclectisme répugne aux exclusions de parti-pris. Aussi l'Antiquité lui semble-t-elle très justement contenir le présent à l'état virtuel, de même que le présent implique pour lui l'embryon des futurs.

D'ailleurs où sont les Anciens, et où sont les Modernes ? A bien y réfléchir ne serait-ce pas nous-mêmes qui personnifierons l'Antiquité par rapport à ceux que nous nommons les anciens ? Les générations les plus rapprochées des origines du monde ne constituent-elles pas, en effet, d'une façon évidente la jeunesse de la civilisation, dont nous sommes l'âge mûr, ou peut-être la décrépitude ?

Cependant, pour qui observe les aspects de

son caractère, il est indubitable que Joubert s'est
exactement jugé lorsqu'il a écrit cette pensée qui
résume si bien ses goûts intellectuels et ses tendances artistiques : « Il me semble beaucoup plus
difficile d'être un moderne que d'être un ancien. »

Mais quand il parle d'antiquité, il entend toujours
la saine antiquité, celle où l'Esprit humain poursui-
vait son perfectionnement dans l'ordre, et non celle
où se traînaient misérablement les infécondes et
plates décadences, les siècles de Jamblique, de
Plaute et de Pétrone.

Pour procéder avec méthode, il est utile, croyons-
nous, de remonter aux sources, afin de pénétrer
dans la genèse si intéressante de l'esprit de Joubert.

Né en 1754, à Montignac, pittoresque et délicieuse
petite ville du Périgord, il vint à Paris en 1778, où
d'heureuses relations et sa curiosité naturelle lui
permirent de se mêler au mouvement philosophique
et littéraire de la fin du XVIIIᵉ siècle. Familier des
salons les plus frondeurs, commensal des écrivains
à la mode et de la plupart des Encyclopédistes

célèbres, admis dans la société des novateurs illustres, il vécut à Paris au milieu de l'effervescence
générale, voyant La Harpe, Marmontel, d'Alembert
et bien d'autres personnages dont il partageait les
entretiens et la vie intime. Vers cette époque, il
connut aussi Diderot, ce roi des charmeurs, qui
tenait avec une véritable souveraineté le sceptre de
la conversation.

Doit-on croire qu'il subit quelque temps l'influence de ce génie tourmenté et sans équilibre ?
Il serait téméraire de dire que non ; toujours est-il
que s'il trempa les lèvres à la coupe de la philosophie nouvelle, il y trouva bien vite des amertumes
et des désillusions salutaires.

D'ailleurs, il fut assez mêlé aux extravagances
philosophiques d'alors pour bien comprendre (ce
qu'il écrit d'ailleurs quelque part) que « Diderot et
les philosophes de son école prenaient surtout leur
érudition dans leur tête, et leurs raisonnements
dans leurs passions ou leur humeur ».

Désabusé des utopies brillantes, des systèmes
vains et tapageurs, Joubert traversa dans la retraite
et dans l'étude les années du Directoire et du
Consulat, après avoir assisté en spectateur navré

au déchaînement de la tourmente révolutionnaire.
Il n'est pas dans le cadre de cette étude d'insister
sur les détails de l'existence du penseur, ni de
voir éclore successivement les amitiés illustres qui,
jusqu'à la dernière heure de sa vie, lui furent toujours fidèles.

Il nous suffira de rappeler le nom des deux plus
célèbres de ses familiers, Fontanes et Chateaubriand,
à la grandeur et à la réputation desquels, par une
ironie bienfaisante de la destinée, il survivra certainement.

Grâce à l'estime de Fontanes, devenu grand-
maître de l'Université, sous le premier Empire,
il fut nommé inspecteur général et conseiller de
l'Instruction publique, charge qu'il conserva jusqu'à sa mort. Mais la période la plus remplie de
la vie de Joubert fut certainement celle qui s'écoula
de 1805 à 1824, année qui marqua la fin de sa
carrière. Il devint peu à peu le centre et le flambeau de la société intellectuelle la plus raffinée du
temps, et sa chambre de valétudinaire fut bientôt le
rendez-vous des hommes les plus remarquables et
des femmes les plus distinguées de cette époque si
féconde en talents vrais.

Chateaubriand, Fontanes, de Bonald, Molé, le chevalier de Pange, le duc de Lévis, Pasquier, Chênedollé ; parmi les femmes Mmes de Beaumont, de Vintimille, la duchesse de Duras, Mme de Chateaubriand, Mlle de Chastenay, etc., étaient les auditeurs ordinaires de ce causeur exquis, de ce moraliste de grande race, de ce sentimental incomparable. Tous goûtèrent dans ces entretiens un charme profond : tous témoignent du reste pour ce merveilleux esprit une admiration sans mélange. Il suffit pour s'en convaincre de constater en toutes circonstances l'unanimité de leurs suffrages.

De cet échange d'idées, de ce commerce affectueux d'intelligences supérieures, naquirent sans doute au jour le jour, ces réflexions, ces maximes, ces aperçus ou ces théories esthétiques, écrits sans ordre, tantôt sur des feuilles volantes, tantôt sur la marge des livres préférés, et dont la publication posthume, due d'abord aux soins pieux de Chateaubriand lui-même, fut plus tard complétée et véritablement présentée au grand public, par un homme d'une haute intelligence, M. Paul de Raynal, proche allié de la famille de Joubert.

On doit remarquer cependant que l'édition la

plus importante de l'œuvre du moraliste fut celle de 1856, publiée, avec un grand nombre de pensées inédites, par M. de Raynal, frère du précédent, édition que les nombreuses réimpressions successives n'ont fait que reproduire.

Il nous convient d'être ici l'interprète de la reconnaissance des lettrés en saluant la mémoire de ce classificateur infatigable des débris épars de l'œuvre de Joubert, car c'est à lui que nous devons de posséder en un tout homogène les méditations particlles et les vues dispersées du penseur qui honore à un si haut degré les fastes des lettres françaises.

Ce rapide historique de la carrière de Joubert était indispensable pour entrer de plein-pied dans l'examen de son œuvre. Laissant à d'autres le soin de traiter de la vie intime du penseur, de ses relations avec les sommités littéraires de son époque et après avoir engagé nos lecteurs à se reporter à la notice si remarquable de M. Paul de Raynal, notre désir serait de définir la tonique des *Pensées* de Joubert, et d'en dégager les idées générales

pour en extraire la substance et la précise signification.

Quelles sont ses idées en Métaphysique, en Religion, en Psychologie, en Morale, en Politique, en
Sociologie, en Littérature, en Poésie, en Art? Quel
est le caractère de sa critique ? Tel est le cadre
que nous voudrions pouvoir remplir avec intérêt
et profit.

⚜

Mieux que personne, Joubert a connu les imper-
fections et les lacunes de sa nature ; il s'est toujours jugé avec une grande perspicacité. Le caractère
incomplet de son génie, il l'a senti d'une manière
très intense, il en a souffert toute sa vie, et, ajou-
tons-le, l'a exprimé souvent en traits inoubliables.

« Je suis propre à semer, mais non à bâtir et à
fonder. »

« Je suis comme Montaigne, impropre au discours
continu... Je suis comme une harpe éolienne,
qui rend quelques beaux sons, mais qui n'exécute
aucun air : aucun vent constant n'a soufflé sur moi.
Quand je luis, je me consume. J'ai beaucoup
de formes d'idées, mais trop peu de formes de

phrases. Mes idées ! C'est la maison pour les loger qui me coûte à bâtir. Le ver à soie file ses coques, et je file les miennes ; mais on ne les dévidera pas. Comme il plaira à Dieu ! »

Cette dernière appréhension n'a pas été justifiée pour le plus grand bonheur de l'Esprit français. Il a plu à Dieu que la substance de cette vie pensante ne demeurât pas inféconde, car on a dévidé ces « coques », qui contiennent de si rares trésors, et la postérité, surprise et charmée de tant de grâce et de profondeur, s'appliquera toujours davantage à pénétrer le sens supérieur de cette vie passée tout entière dans la méditation, et si bien faite pour élargir les horizons en fortifiant les intelligences.

Chrétien éclairé, penseur sans attaches dogmatiques, Joubert n'est pas de cette race impétueuse d'apologistes qui méprisent et foulent aux pieds la raison humaine, sous prétexte d'impuissance radicale et d'essentielle stérilité ; il en a, au contraire, le respect, mais le respect indépendant : il la considère, cette raison si décriée, si rabaissée par ses excès même, comme un moyen d'atteindre à la Vérité Éternelle, car il comprend que ce qu'on

nomme la Religion n'est que l'aube de la Science
qui doit nous conduire fatalement à Dieu par la
connaissance des lois de l'Univers, expression de
sa Puissance, de sa Sagesse et de son Amour.

Nous allons, par quelques citations, dont nous
demandons d'avance la permission d'abuser, essayer
de fixer les tendances de sa pensée métaphysique
si apte à revêtir les formes les plus colorées, les
plus subtiles et les plus suggestives. Commençons
par cette maxime, dont la comparaison est si heureuse : « On sent Dieu avec l'âme comme on sent
l'air avec le corps. » « On ne comprend la terre
que quand on a connu le ciel... Sans le monde
religieux, le monde sensible offre une énigme déso-
lante. »

« Le Dieu de la métaphysique n'est qu'une Idée,
mais le Dieu de la religion, le Créateur du ciel et de
la terre, le Juge souverain des actions et des pensées est une Force... Le monde a été fait comme
la toile de l'araignée. Dieu l'a tiré de son sein, et sa
volonté l'a filé, l'a déroulé, et l'a tendu. *Ce que*

nous nommons le néant est sa plénitude invisible. »

Et cet éclair magnifique ne contient-il pas dans son laconisme fulgurant toutes les religions et toutes les philosophies : « *Rien ne se fait de rien,* disent-ils ; mais la souveraine puissance de Dieu n'est pas *Rien :* elle est la source de la Matière aussi bien que celle de l'Esprit. »

Rapprochons de cette pensée quelques lignes d'un éminent écrivain qui corroborent les paroles de Joubert d'une manière très forte et très philosophique : « Dire que Dieu a fait le monde de rien, cela ne signifie pas qu'il se soit servi du néant comme d'une matière pour fabriquer le monde, cela signifie que le monde n'existe pas nécessairement, qu'il tient de Dieu, non seulement sa forme et son mouvement, mais son être, sa substance, qu'il existe bien réellement séparé de Dieu quoique dépendant de lui ; que la volonté de Dieu a produit le monde librement et par la seule vertu de son efficace, sans le concours d'aucun autre principe, parce qu'en dehors de Dieu et de ses œuvres, il n'y a rien... Quand on affirme que Dieu ne peut tirer le monde du néant, on limite la puissance de Dieu : la puissance de Dieu n'a qu'une seule limite, c'est

le contradictoire. La production d'une substance
implique-t-elle contradiction ? Qu'on le prouve*. »

☙

Il faut encore méditer la pensée suivante qui
répond avec une admirable sérénité aux troubles
de l'âme se débattant contre les ténèbres du doute
et la stupeur du désespoir : « Dieu n'aurait-il fait
la vie humaine que pour en contempler le cours, en
considérer les cascades, le jeu et les variétés, ou
pour se donner le spectacle de mains toujours en
mouvement qui se transmettent un flambeau? *Non,
Dieu ne fait rien que pour l'Éternité.* »

Ne nous lassons pas de suivre l'ingénieux penseur dans l'expression des Vérités supérieures.
Voici maintenant un principe de morale serti et
comme enchâssé dans la précision de la forme :
« La crainte de Dieu nous est aussi nécessaire, pour
nous maintenir dans le bien, que la crainte de la
Mort, pour nous retenir dans la Vie. »

Quelle exactitude dans les maximes suivantes :

* Jules Simon *(Religion Naturelle)*, Hachette, Paris.

« Il y a deux sortes d'athéisme : celui qui tend
à se passer de l'idée de Dieu, et celui qui tend à se
passer de son intervention dans les affaires humaines. »

« L'incrédulité n'est qu'une manière d'être de
l'esprit : mais l'impiété est un véritable vice du
cœur... L'irréligion par ignorance est un état de
rudesse et de barbarie intérieure. L'esprit, qu'aucune croyance, aucune foi n'a plié et amolli reste
sauvage et incapable d'une certaine culture et d'un
certain ensemencement. Mais l'incrédulité dogma-
tique est un état d'irritation et d'exaltation : elle
nous met en guerre perpétuelle avec nous-même,
notre éducation, nos habitudes, nos premières
opinions ; avec les autres : nos pères, nos frè-
res, nos voisins, nos anciens maîtres ; avec l'ordre
public, que nous regardons comme un désordre ;
avec le temps présent, que nous croyons moins
éclairé qu'il ne devrait l'être ; avec le temps
passé, dont nous méprisons l'ignorance et la simplicité.

« Pour arriver aux régions de la lumière, il faut
passer par les nuages. Les uns s'arrêtent là ; d'autres savent passer outre. »

Peut-on, avec une simplicité plus touchante, traiter de la prière et de ses humaines préoccupations : « Parler à Dieu de ses souhaits, de ses affaires, cela est-il permis ? écrit Joubert, et il ajoute : On peut dire que ceux qui le pratiquent par confiance et simplicité font bien. »

Et puisque nous touchons à ce sujet de la prière, n'avons-nous pas le devoir de transcrire ici cet admirable élan du philosophe religieux vers le Dieu de toute sa vie si pleine de vertus et si féconde en bonnes actions :

« Être sans fin et sans commencement, vous êtes ce que l'homme peut concevoir de meilleur. Comme un rayon de la lumière est renfermé dans tout ce qui brille, un rayon de votre bonté reluit dans tout ce qui est vertu. Tout ce que nous pouvons aimer et tout ce qui est aimable montre une part de votre essence, une apparence de vous-même. Toutes les beautés de la terre ne sont qu'une ombre projetée de celle qui est dans le ciel. Rendez-nous semblables à vous autant que notre nature grossière permettra cette ressemblance afin que nous soyons participants de votre bonheur, autant que le permet cette vie. »

Cependant, quoiqu'il soit facile de puiser à pleines mains dans ce trésor varié d'aphorismes brefs et lumineux, de sentences admirables, de pensées profondes, nous avons hâte de suivre Joubert dans l'exposé sommaire de ses doctrines métaphysiques, où, avec un laconisme merveilleux, il pose les bases de la philosophie première étayées sur les principes mêmes de la science ontologique la plus approfondie.

Notons tout d'abord le paragraphe liminaire du titre II des *Pensées*. Dans une progression superbe, il y définit sa conception de l'Être, du Monde et de la Vie : « Dieu est Dieu, le monde est un lieu ; la matière est une apparence, le corps est le moule de l'âme, la vie est un commencement. »

Les prémisses posées, voici la conclusion logique : « Tous les êtres viennent de peu, et peu s'en faut qu'ils ne viennent de rien. Un chêne naît d'un gland, un homme d'une goutte d'eau, et dans ce gland, dans cette goutte d'eau, que de superfluités ! Tout germe n'occupe qu'un point. Le trop contient l'assez, il en est le lieu nécessaire et l'aliment indispensable, au moins dans ses commencements. Nul ne doit le souffrir en soi, mais il faut l'aimer dans le monde : car il n'y aurait nulle part assez de rien, s'il n'y avait pas toujours de trop en quelque lieu. »

Et ce cri magnifique : « Il n'y a de beau que Dieu, et après Dieu, ce qu'il y a de plus beau, c'est l'âme ; et après l'âme, c'est la pensée ; et après la pensée, la parole. Or donc, plus une âme est semblable à Dieu, plus une pensée est semblable à une âme, et plus une parole est semblable à une pensée, plus tout cela est beau. »

Peut-on maintenant mieux exprimer l'esprit des choses dont la Matière n'est qu'un aspect phénoménal, que dans ces lignes d'une acuité incomparable de pénétration : « Rien ne nous plaît dans la matière que ce qu'elle a de spirituel, comme ses émanations ; que ce qui touche presque à l'âme, comme les parfums et les sons : que ce qui a l'air d'une impression qu'y laissa quelque intelligence, comme les festons qui la brodent ou les dessins qui la découpent : que ce qui fait illusion, comme les formes, les couleurs ; enfin que ce qui semble en elle sorti d'une pensée, ou avoir été disposé pour quelque destination, indice d'une volonté. Ainsi nous ne pouvons aimer dans les solidités du monde que ce qu'elles ont de mobile, et, dans ce qu'il y a

de subtil, nous devons nos plus doux plaisirs à ce
qui est à peine existant, à ces vapeurs plus que
légères et à ces invisibles ondulations qui, en nous
pénétrant, nous élèvent plus haut et plus loin que
nos sens. Pressés et poussés par les corps, nous ne
sommes vraiment atteints que par l'esprit des
choses, tant nous-mêmes sommes esprit... En
vérité, il n'y a que les âmes et Dieu qui offrent de
la grandeur et de la consistance à la pensée, lorsqu'elle rentre en elle-même, après avoir tout par-
couru, tout sondé, tout essayé à ses creusets, tout
épuré à sa lumière et à la lumière des cieux, tout
approfondi, tout connu ! »

Si la pensée de Joubert se plaît surtout dans le
domaine des idées générales (car il faut reconnaître
que peu d'hommes ont eu le sens métaphysique
plus large et compréhensif), sa médiation s'est souvent attachée aux particularités de notre nature
physique. Les chapitres où il traite de l'homme et
de son organisme abondent en aperçus très originaux. Mais on sent que la dualité antinomique du

corps et de l'esprit n'existe. pour lui qu'au point de vue exclusivement conventionnel.

La seule entité qui le préoccupe, c'est l'âme. A ses yeux, l'organisme n'est qu'une espèce de manifestation apparente, une sorte de phénoménisme expressif de l'existence supérieure de l'Esprit. Il ne croit pas à la Matière comme principe antagoniste et séparé de la Force. Elle est, selon lui, une manière d'être de la vie, une association de monades, dont l'essence intime est la spiritualité. Dans cette voie, Joubert est un descendant direct des grands idéalistes, un fils de Platon, de Leibnitz et de Malebranche, un précurseur du spiritualisme moderne expérimental et rationnel.

Pour nous, la vérité est contenue dans cette doctrine de fusion. Il n'y a pas deux choses au monde : la Matière et l'Esprit. Il n'y en a qu'une. Il n'y a que l'Être et les êtres. Les uns optent pour la solution matérialiste, les autres s'arrêtent à l'hypothèse de l'union des deux natures.

Dans les deux cas, d'égales impossibilités heurtent l'intelligence par leurs violentes contradictions. « Incompréhensible que nous ayons un corps, incompréhensible que nous n'en ayons pas. Incompréhensible que nous ayons une âme ; incompréhensible que nous n'en ayons pas », a dit Pascal. Profonde vérité dans sa forme d'alternance énigmatique, et peut-être aussi vérité capable de présenter le problème sous son véritable aspect, en cherchant à identifier ces deux modes de l'Être dans l'unité, et en affirmant que la seule réalité indestructible, c'est la Pensée, c'est-à-dire la Conscience et ses degrés infinis.

Joubert s'est nourri de cette féconde doctrine. Suivons-le rapidement dans l'expression de ses idées : « L'homme n'habite, à proprement parler, que sa tête et son cœur. Tous les lieux qui ne sont pas là ont beau être devant ses yeux, à ses côtés ou sous ses pieds, il n'y est point... » et il ajoute : « L'âme est une vapeur allumée qui brûle sans se consumer ; notre corps en est le falot. Sa flamme n'est pas seulement lumière, mais sentiment. Les idées... ! elles sont avant tout et précèdent tout dans notre esprit. »

Nous passerons très brièvement sur les chapitres consacrés à la *Vérité,* à l'*Illusion,* à l'*Erreur,* en retenant çà et là quelques maximes qu'il serait malheureux de laisser dans l'ombre, tant elles contiennent de sens, de délicatesses et de beautés morales.

N'ayant, du reste, qu'une seule ambition dans cette étude, celle de mettre en pleine lumière la figure de Joubert, il serait puéril d'hésiter à faire des citations nombreuses. Le lecteur, d'ailleurs, ne pourra s'en plaindre, car quelles paraphrases plus ou moins alambiquées vaudront jamais le pur énoncé de ces sentences claires, brèves et concises, vraies gouttes de lumière au prisme chatoyant.

« Il est des esprits semblables à ces miroirs convexes ou concaves qui représentent les objets tels qu'ils les reçoivent, mais qui ne les reçoivent jamais tels qu'ils sont. »

« La fausseté de l'esprit vient d'une fausseté de cœur. »

« Il y a dans certains esprits un noyau d'erreurs qui attire et assimile tout à lui-même. »

« Ceux qui ont refusé à leur esprit des pensées graves tombent dans des idées sombres. »

« Quand on aime, c'est le cœur qui juge... »

Et cette vieille maxime : *Turpe senilis amor,*

quel renouveau charmant ne retrouve-t-elle pas sous la plume de Joubert, lorsqu'il écrit : « *Le châtiment de ceux qui ont trop aimé les femmes, c'est de les aimer toujours !* »

A propos de cet aphorisme, qu'on nous permette une observation qui répondra au reproche fait par certains critiques à Joubert de n'être pas original.

Si l'on fait consister, comme nous l'avons dit plus haut, l'originalité dans la bizarrerie et l'étrangeté, il est évident que l'auteur des *Pensées* ne doit pas prétendre à ce titre. Mais en somme tout est vieux, tout a été dit. « Les littératures, comme l'écrit excellemment Joubert, sont dans le fond des esprits. » C'est pourquoi le rôle du génie est de les en faire sortir, d'exprimer d'une façon forte et précise ce que tout le monde porte en soi à l'état vague, indéterminé, et, pour ainsi dire, en puissance. L'écrivain de talent, est celui qui sait donner une forme sensible à ces richesses latentes du domaine commun des intelligences, en un mot celui qui fait penser.

Aussi le génie est un miroir où chacun reconnaît, plus ou moins magnifiquement exprimé, ce qu'il ressentait en son for intérieur à l'état virtuel. Ce rôle d'*expression*, Joubert l'a tenu avec une merveilleuse originalité. Il a possédé le don exceptionnel de dire les choses comme personne et de rajeunir les vieux sujets par la fraîcheur de sa plume et son alacrité toute française.

Citons encore pour appuyer cette opinion quelques-unes de ces vérités charmantes qui passent sur l'âme comme un souffle bienfaisant et réparateur : « Le cœur doit marcher avant l'esprit, et l'indulgence avant la vérité. »

« Les bons mouvements ne sont rien s'ils ne deviennent de bonnes actions. »

« Il n'y a de bon dans l'homme que ses jeunes sentiments et ses vieilles pensées. »

« Les quatre amours correspondant aux quatre âges de la vie humaine bien ordonnée, sont l'amour de tout, l'amour des femmes, l'amour de l'ordre et l'amour de Dieu. »

Et plus loin : « On peut avancer longtemps dans la vie sans y vieillir. Le progrès, dans l'âge mûr, consiste à revenir sur ses pas et à voir où l'on s'est trompé. Le désabusement dans la vieillesse est une grande découverte. Un peu de vanité et un peu de volupté, voilà de quoi se compose la vie de la plupart des femmes et des hommes. » Aussi il ajoute que : « La vieillesse, voisine de l'éternité, est une espèce de sacerdoce, et quand elle est sans passions, elle nous consacre. »

« Chacun est sa Parque à lui-même et se file son avenir. »

« Il faut mourir aimable si on le peut. »

« Cette vie n'est que le berceau de l'autre ; qu'importe donc la maladie, le temps, la vieillesse, la mort, degrés divers d'une métamorphose qui n'a sans doute ici-bas que ses commencements ? »

⚜

Veut-on à présent, dans un autre ordre d'idées, une spirituelle boutade au point de vue conjugal ? Joubert écrit : « Rien ne fait autant d'honneur à une femme que sa patience et rien ne lui en fait si peu que la patience de son mari. »

S'agit-il d'hygiène domestique ? Le doux philosophe nous dit encore : « Ayez soin qu'il manque toujours dans votre maison quelque chose dont la privation ne vous soit pas trop pénible et dont le désir vous soit agréable ; il faut se maintenir en tel état qu'on ne puisse être jamais ni rassasié ni insatiable. »

« Il faut porter son velours en dedans, c'est-à-dire montrer son amabilité de préférence à ceux avec qui l'on vit chez soi. »

Citons encore quelques traits bien observés sur la conversation, ses mœurs et ses travers. « Dans la conversation, écrit Joubert, on affuble vite sa pensée du premier mot qui se présente, et on marche en avant... C'est un grand désavantage dans la dispute, d'être attentif aux faiblesses de ses raisons et attentif à la force des raisons des autres, mais il est beau de périr ainsi. »

« Certaines gens, quand ils entrent dans nos idées, ajoute-t-il, semblent entrer dans une hutte... »

« L'attention de celui qui écoute sert d'accompagnement à la musique du discours... Le but de la dispute ou de la discussion ne doit pas être la victoire, mais l'amélioration. »

« Il faut toujours avoir dans la tête un coin ouvert et libre, pour donner une place aux opinions de ses amis et les y loger en passant.... Ayons le cœur et l'esprit hospitaliers. »

Quelle fine comparaison que la suivante : « Il y a

des gens qui n'ont de la morale qu'en pièce ; c'est
une étoffe dont ils ne se font jamais d'habit. »

Il faudrait pouvoir maintenant transcrire ici toute
une suite de pensées admirables sur le Devoir, pour
en bien faire saisir la beauté morale.

Le Devoir, flambeau de la vie, Joubert a vu en
lui, comme tous les génies de premier ordre, le
point fixe au milieu du flux universel. C'est l'impératif catégorique du penseur de Kœnigsberg, mais
un impératif aimable, conçu sous un aspect singulier de sereine douceur. « On ne doit placer la règle
suprême ni en soi, ni autour de soi, mais au dessus
de soi.... Gardons-nous bien de faire une proposi-
tion de ce qui est un précepte, une règle, un com-
mandement... Le Devoir ! à l'égard de nous-mêmes,
c'est l'indépendance des sens, et, à l'égard d'autrui,
c'est l'assiduité à l'aide, au support. Aide au bien-
être, au bien faire, au bien vouloir, au bien souhai-
ter, aide par le concours et la résistance, par le don
et par le refus, par la rigueur et par la condescen-
dance, par la louange et par le blâme, par le silence
et par la parole, par la peine et par le plaisir...
De même que nous sommes assujettis à deux mouvements, celui de la terre et le nôtre, de même nous

sommes dominés par deux volontés, la nôtre et celle
de la Providence ; auteurs de la première et instru-
ments de celle-ci, maîtres de nos œuvres pour mé-
riter la récompense assignée à la vertu, et machines
pour tout le reste. *Être meilleurs ou pires dépend
de nous : tout le reste dépend de Dieu !* »

Que de choses il y aurait à dire sur les sujets
divers dont traite le philosophe avec une si grande
puissance de pénétration et d'acuité subtile. Mais
nous étant attardés, dans les considérations précé-
dentes, nous allons, maintenant, esquisser à grands
traits l'analyse de l'œuvre de Joubert à propos
des chapitres consacrés à l'étude des vérités premières, c'est-à-dire de l'*Ordre*, du *Bien*, du
Mal, de la *Vérité*, de l'*Illusion*, de l'*Erreur*,
pour arriver ensuite à l'examen de ses idées socio-
logiques, de ses théories d'art et de sa critique
littéraire, domaine où Joubert se révèle érudit
extraordinaire et prophète inspiré de l'avenir des
Lettres.

Mais, cependant, nous ne pouvons résister au

désir de noter çà et là, avant d'arriver à la dernière partie de cette étude, quelques nouvelles maximes qui se pressent dans notre mémoire, et dont le choix seul pourrait nous embarrasser.

« Les vérités générales sont des vérités de Dieu. Les vérités particulières ne sont que des opinions de l'homme ; le nom de vérité ne devrait être donné qu'à ce qui regarde les natures, les essences, et n'appartenir à rien de ce qu'il est permis d'ignorer. Les vérités qui éclairent le cœur et règlent les actions sont seules dignes de ce beau nom. Quand on l'applique aux choses matérielles, on en obscurcit la clarté. Tout ce qui n'est pas abstraction et maxime ne mérite que le nom de fait... N'écrivez rien, ne dites rien, ne pensez rien dont vous ne puissiez croire que cela est vrai devant Dieu ! »

On ne saurait trop méditer ce profond aphorisme : « Cherchons nos lumières dans nos sentiments ; il y a là une chaleur qui contient beaucoup de clartés ! »

Voici maintenant une pensée qui doit servir à tout esprit réfléchi de règle constante et de pierre de touche infaillible. Nous la recommandons avec insistance à l'attention du lecteur.

« Gardez-vous de traiter comme contesté ce qui
doit être regardé comme incontestable. *Ne rendez
pas justiciable du raisonnement ce qui est du
ressort du sens intime.* Exposez et ne prouvez pas
les vérités de sentiment, il y a du danger dans les
preuves. Car, en argumentant, il est nécessaire de
supposer problématique ce qui est en question : or,
ce qu'on s'accoutume à supposer problématique
finit par être douteux.... Dans ce qui est pratique
et de devoir, ordonnez, mais n'expliquez pas.
« Crains Dieu », a rendu les hommes pieux ; les
preuves de l'existence de Dieu ont fait beaucoup
d'athées ! »

Si nous nous demandons quelles sont les idées
de Joubert en politique et en sociologie, il sera
bien facile de résumer son idéal de gouvernement
par deux mots, qui contiennent beaucoup de choses. *Un despotisme intelligent,* voilà son critérium,
la formule de ses tendances. Il suffit, pour s'en
convaincre, de se reporter à cette pensée si caractéristique, véritable condamnation des démocraties
aveugles : « Ceux qui veulent gouverner aiment la

République ; ceux qui veulent être bien gouvernés n'aiment que la Monarchie. »

« Demandez des âmes libres, s'écrie encore Joubert, bien plutôt que des hommes libres. La liberté morale est la seule importante, la seule nécessaire ; l'autre n'est bonne et utile qu'autant qu'elle favorise celle-là. »

Nous approchons maintenant de la partie de l'œuvre du philosophe où s'épanouissent ses qualités exceptionnelles d'érudition et de goût. Il est indispensable d'insister un peu sur ces matières afin de pouvoir se faire une idée exacte des facultés rares de son esprit.

La critique de Joubert ne procède en rien, comme on le verra, de cette espèce de dilettantisme facile, inauguré, de notre temps, par certains esprits superficiels. On connaît leur maxime favorite : « Aujourd'hui, il ne s'agit pas de juger, mais de comprendre. » Ce qui revient à dire : Il n'y a plus rien, tout est identique, tout se vaut ; il suffit, pour être un critique vraiment *moderne,* de se mettre dans la peau

d'un écrivain, de subir avec lui les fluctuations de sa
pensée sans gouvernail, ou les continuelles métamorphoses de ses conceptions produites et dominées
par les circonstances et les milieux.

De cette théorie au chaos il n'y a qu'un pas... et
ce pas a été franchi, hélas! trop souvent de nos
jours. Eh bien! n'en déplaise aux inventeurs de
cette bizarre machine qu'on nomme la critique contemporaine, critiquer est synonyme de juger, et
juger suppose un point de comparaison.

C'est d'une rigueur algébrique. Or, sans principes
fixes d'esthétique ou de morale, la critique n'est
que de la paraphrase ou du dilettantisme.

D'après la théorie de M. Taine qui n'est, en somme, transplantée dans le domaine littéraire, que le
principe de Hegel sur l'identité des contradictoires,
les œuvres d'art se valent toutes, pourvu qu'on les
comprenne, c'est-à-dire pourvu qu'on les explique.
Or, cette manière d'envisager les choses de l'esprit
est le renversement pur et simple de toute esthétique. Ou le sens des mots n'existe plus, ou cette
théorie s'évanouit en fumée. Car, puisqu'il me faut
un critérium, un dogme, un point fixe pour juger
de la moralité des actes, il me faut également le

même critérium pour juger de la beauté des œuvres. Il ne suffit pas de pouvoir expliquer *pourquoi* tel ou tel écrivain a écrit tel ou tel livre ; il faut, pour que la critique soit complète et qu'elle mérite simplement son nom, qu'elle *juge* en connaissance de cause, par conséquent qu'elle ait ses « amours et ses haines », selon la forte expression de Sainte-Beuve, ce grand maître dans les choses de l'esprit.

Aujourd'hui, on voudrait nous imposer une sorte de chimie intellectuelle, sous la pompeuse dénomination de critique expérimentale.

Cette analyse indifférente rappelle en effet l'opération du praticien qui dissout les corps sous la puissance des réactifs, en décrit les éléments, les molécules, les atomes, les classifie enfin, sans s'apercevoir que la classification et la description des choses ne sera jamais leur raison d'être.

Joubert, lui, a merveilleusement compris le rôle moralisateur de la critique. Ses jugements sur les philosophes, les écrivains, les penseurs, les poètes, resteront comme des modèles de perspicacité, de finesse et de synthèse. Il a, avec une fermeté et une profondeur de jugement surprenantes, mis à leurs vraies places des hommes au sujet desquels la postérité hésitait encore. Ses admirations vont surtout à cette pléiade de génie dont le xviie siècle fut si magnifiquement illustré. Bossuet, Corneille, Pascal, Nicole, Racine, Malebranche, La Rochefoucauld, La Bruyère, La Fontaine surtout, ce grand parmi les grands, sont caractérisés en traits ineffaçables.

Voilà, pour Joubert, le vrai siècle national, l'épanouissement supérieur et harmonique de l'esprit français.

Sévère et redoutable, se montre sa critique pour le xviiie siècle. Peu de ses grands hommes échappent à ses traits acérés, qui demeurent inarrachables là où ils ont frappé. S'il dédaigne les extravagances et les utopies de la plupart des encyclopédistes, il dirige principalement ses coups sur les chefs de cette école d'irréligion et de soi-disant affranchissement. Cependant, rien d'absolument systématique ne se rencontre dans ces pages, tantôt vibrantes d'indignation, tantôt malicieuses et puissamment ironiques. En effet, tout en rendant justice aux qualités superficielles de quelques faux grands hommes, Joubert démonte pièce à pièce les mannequins de convention créés par l'engouement public;

il met à nu leurs prétendues doctrines régénératrices, et montre qu'au fond de toute cette philosophie, il ne reste que des déclamations creuses, qu'une corruption grossière, et en fin de compte, que la désorganisation. Sensualistes et déistes ne trouvent pas grâce devant son impitoyable critique.

D'un mot, il écrase Condillac et Locke : « Ce sont, dit-il, des aveugles qui se servent bien de leur bâton », montrant ainsi qu'ils n'ont de valeur qu'en phénoménologie, c'est-à-dire dans l'observation des causes secondes.

Après eux, voici Rousseau cloué au pilori en quelques lignes cruelles et vengeresses.

« Une piété irréligieuse, une sévérité corruptrice, un dogmatisme qui détruit toute autorité, voilà le caractère de la philosophie de Rousseau. La vie sans action et en pensées demi-sensuelles, fainéantise à prétention, voluptueuse lâcheté, inutile et paresseuse activité qui engraisse l'âme sans la rendre meilleure, qui donne à la conscience un orgueil bête, et à l'esprit, l'attitude ridicule d'un bourgeois de Neuchâtel se croyant roi, le bailli suisse de Gessner dans sa vieille tour en ruine ; la morgue sur la nullité ; l'emphase du plus voluptueux coquin qui

s'est fait sa philosophie et qui l'expose éloquem-
ment ; enfin le gueux se chauffant au soleil et
méprisant délicieusement le genre humain : tel est
Jean-Jacques Rousseau ! »

Puis il ajoute : « Donner de l'importance, du
sérieux, de la hauteur et de la dignité aux passions,
voilà ce que J.-J. Rousseau a tenté. Lisez ses livres ;
la basse envie y parle avec orgueil ; l'orgueil s'y
donne hardiment pour une vertu, la paresse y
prend l'attitude d'une occupation philosophique, et
la grossière gourmandise y est fière de ses appétits.
Il n'y a point d'écrivain plus propre à rendre le
pauvre superbe. On apprend avec lui à être mécon-
tent de tout, hors de soi-même. Il était son Pygma-
lion. » Et plus loin : « Quand on a lu M. de Buffon,
on se croit savant. On se croit vertueux quand on
a lu Rousseau ; on n'est cependant pour cela ni l'un
ni l'autre. »

Enfin cette exclamation qui résume sa pensée
d'une manière si saisissante : « Je parle aux âmes
tendres, aux âmes ardentes, aux âmes élevées, aux
âmes nées avec un de ces caractères distinctifs de la
religion, et je leur dis : « Il n'y a que Jean-Jacques
Rousseau qui puisse vous détacher de la religion,

il n'y a que la religion qui puisse vous guérir de Jean-Jacques Rousseau. »

Maintenant voici le tour de Voltaire. On verra que malgré son aversion profonde pour l'idole du xviiie siècle, Joubert se montre d'une équité parfaite à son égard.

« Il est impossible que Voltaire contente, et impossible qu'il ne plaise pas. Voltaire avait le jugement droit, l'imagination agile, le goût vif et le sens moral détruit.

» Voltaire, dans ses écrits, n'est jamais seul avec lui-même. Gazetier perpétuel, il entretenait chaque jour le public des événements de la veille. Son humeur lui a plus servi pour écrire que sa raison et son savoir. Quelque haine ou quelque mépris lui a fait faire tous ses ouvrages. Ses tragédies même ne sont que la satire de quelque opinion... Voltaire est l'esprit le plus débauché, et ce qu'il y a de pire, c'est qu'on se débauche avec lui. La sagesse en contraignant son humeur lui aurait incontestablement ôté la moitié de son esprit. Sa verve avait besoin de licence pour circuler en liberté. Et cependant, jamais homme n'eut l'âme moins indépendante. Triste condition, alternative déplorable, de n'être, en observant les bienséances, qu'un écrivain élégant et utile, ou d'être en ne respectant rien, un auteur charmant et funeste ! Ceux qui le lisent tous les jours s'imposent à eux-mêmes, et d'une invincible manière, la nécessité de l'aimer ; mais ceux qui, ne le lisant plus, observent de haut les influences que son esprit a répandues, se font un acte d'équité, une obligation rigoureuse et un devoir de le haïr. »

Quant à Diderot, il semble moins funeste à Joubert que l'auteur du *Vicaire Savoyard,* car, dit-il : « La plus pernicieuse des folies est celle qui ressemble à la sagesse. » Mais, ajoute-t-il aussitôt : « Diderot ne vit aucune lumière et n'eut que d'ingénieuses lubies. Il avait des idées fausses sur le but et les beautés de l'art, mais il les a bien exprimées. »

Très remarquables aussi nous paraissent les opinions de Joubert sur ses contemporains : Bonald, de Maistre, Mme de Staël y sont jugés d'une façon supérieure.

Transcrivons à cette place cette appréciation si saine sur le talent de l'auteur de *Corinne,* et nous passerons immédiatement à l'examen des théories d'art de l'esthéticien.

« Mme de Staël, écrit-il, était née pour exceller

dans la morale ; mais son imagination a été séduite par quelque chose qui est plus brillant que les vrais biens ; l'éclat de la flamme et des feux l'a égarée, elle a pris les fièvres de l'âme pour ses facultés, l'ivresse pour une puissance, et nos écarts pour un progrès. Les passions sont devenues à ses yeux une espèce de dignité et de gloire. Elle a voulu les peindre comme ce qu'il y a de plus beau, et prenant leur énormité pour leur grandeur, elle a fait un roman difforme. »

Voilà, déjà prophétisés et flagellés, les excès de la littérature de passion issue de l'influence de Jean-Jacques, littérature dangereuse qui commence à Mme de Staël et s'épanouit en pleine éclosion dans la plupart des œuvres de George Sand.

Abordons maintenant très brièvement la question d'art et demandons-nous quel était le caractère de l'esthétique de Joubert. Ce caractère se résume en peu de mots, que nous emprunterons aux *Pensées :* « L'art c'est l'expression de l'idée par la forme. L'objet de l'art est d'unir la matière aux formes, qui sont ce que la nature a de plus vrai et de plus pur. *L'illusion sur un fond vrai,* voilà le secret des beaux-arts. » On le voit, c'est l'idéal spiritualiste harmonieusement uni à la réalité phénoménale.

Mais quelle distance n'y a-t-il pas entre cette théorie si élevée et les principes grossiers du naturalisme d'imitation, du matérialisme dans l'art ! Écoutons à ce propos la profession de foi de l'esthéticien.

« L'intelligence doit produire des effets semblables à elle, c'est-à-dire des sentiments et des idées, et les arts doivent prétendre aux effets de l'intelligence. Artiste, si tu ne causes que des sensations, que fais-tu avec ton art, qu'une prostituée avec son métier, et le bourreau avec le sien ne puissent faire aussi bien que toi ? S'il n'y a que du corps dans ton œuvre et qu'elle ne parle qu'aux sens, tu n'es qu'un ouvrier sans âme, et n'as d'habile que les mains ! »

Cri magnifique, exclamation victorieuse qui tue les arts d'imitation sous le poids d'un argument de génie.

⚜

Si Joubert fut un moraliste d'une incomparable délicatesse, un spéculatif de premier ordre, il se découvre, pour le lecteur attentif, métaphysicien d'une puissance rare.

Nous ne pouvons résister au désir, pour donner

une idée exacte de l'étendue et de la profondeur de son esprit, de citer quelques-unes des pensées dont l'éclat laisse dans le souvenir un lumineux et durable sillon. Loin de se confiner dans la conception d'un Dieu transcendant, il sait y allier avec une profonde science la doctrine de l'immanence sans cependant laisser subsister de confusion entre la Nature et son Auteur.

Écoutons donc le philosophe, préciser à grands traits l'essence de ses idées sur les plus hauts problèmes de la métaphysique. « L'espace est la stature de Dieu... L'Espace est au lieu ce que l'Éternité est au temps. La lumière vient de Dieu aux astres et des astres à nous... Le temps est du mouvement sur de l'espace. La lumière est l'ombre de Dieu ; la clarté l'ombre de la lumière. La vérité ne vient pas et ne peut pas venir de nous. Dans tout ce qui est spirituel elle vient de Dieu ou des esprits amis de Dieu auxquels sa lumière a lui, et, dans ce qui est matériel des choses où Dieu l'a placée. Il faut donc consulter Dieu d'abord, puis les sages et son propre esprit, pour ce qui est spirituel, et fouiller dans le fond des choses pour ce qui est matériel. »

Quelle puissance d'observation dans les pensées suivantes : « La religion est la seule métaphysique que le vulgaire soit capable d'entendre et d'adopter... La véritable métaphysique ne consiste pas à rendre abstrait ce qui est sensible, mais à rendre sensible ce qui est abstrait, apparent ce qui est caché, imaginable, s'il se peut, ce qui n'est qu'intelligible, intelligible enfin ce qui se dérobe à l'attention.....

» Où le spiritualisme emploie les mots de *Dieu, création, volonté, loi divine,* le raisonneur matérialiste est perpétuellement obligé de se servir d'expressions abstraites, telles que la *nature, l'existence,* les *effets.* Il ne nourrit son esprit que de spectres sans traits, sans couleurs, sans beauté. » Et il ajoute : « L'incertitude des idées rend le cœur irrésolu. Aussi faudrait-il n'user des termes abstraits qu'avec une extrême sobriété. Non seulement ils ne sont l'appellation d'aucun être véritable, mais ils n'expriment même aucune idée fixe, et, en accoutumant l'esprit à ne pas s'entendre, ils accoutument bientôt la conscience à ne pas nous juger. Plus le style a de corps, plus il est moral. S'il arrive que la langue se perfectionne tellement qu'elle devienne *toute physique,* cette révolution en causera une importante dans les mœurs. »

Qui ne reconnaîtra dans ces sages paroles comme une sorte de prophétie de l'état présent où la littérature est tombée ? Notre art de décadence, sensationnel et naturaliste, n'est-il pas selon la pensée de Joubert devenu un art « tout physique » et cette révolution dans le style n'a-t-elle pas amené après elle un changement analogue dans les mœurs ? Le grand critique pressentait-il donc tous les excès de notre littérature contemporaine et savait-il que soixante ans plus tard nos artistes, nos écrivains, nos moralistes, se débattraient dans les stériles agitations du plus douloureux chaos. Joubert voyait-il d'une claire vue que l'ordre des connaissances serait pour ainsi dire retourné, que les effets seraient confondus avec les causes, que les phénomènes seraient pris pour les essences et que la brutalité du fait voilerait la splendeur radieuse de l'Idée ?

La question si grave de l'éducation a fréquemment occupé l'esprit de Joubert, qui, sur ce point, nous a laissé un grand nombre de vues neuves et originales, dont il est utile de dire quelques mots.

Pour lui, l'éducation est le sacerdoce par excellence ; tout dépend d'elle, puisque c'est elle qui forme les esprits, dirige les cœurs, et prépare l'homme dans l'enfant.

Mais si l'éducation est le plus important de nos devoirs, c'est en même temps le plus difficile et le plus délicat à bien remplir.

Aussi, de quelles précautions infinies le rôle d'éducateur ne doit-il pas être entouré? C'est pourquoi, selon Joubert, est-ce avec la plus extrême circonspection qu'il faut s'adresser à l'âme de l'enfant, car deux excès sont également à redouter dans la direction des intelligences et dans la formation des caractères : trop de faiblesse ou trop de sévérité.

« L'éducation, nous dit-il, doit être tendre et sévère et non pas froide et molle. Elle doit aussi consister dans l'exemple, parce que les enfants ont plus besoin de modèles que de critiques. »

Mais l'éducation ne doit pas viser seulement à orner la mémoire et à éclairer l'intelligence. Elle a une mission plus haute, celle de diriger la volonté.

C'est ce que le moraliste développe quand il écrit :
« Le discernement vaut mieux que le précepte, car
il le devine et l'applique à propos. Donnez donc
aux enfants la lumière qui sert à distinguer le bien
du mal en toutes choses, sans leur vouloir ensei-
gner tout ce qui est mal et tout ce qui est bien,
détail immense et impossible, ils le distingueront
assez. »

Mais vers quoi doit se diriger la volonté de l'enfant, volonté éclairée par l'acquiescement de son
intelligence? Vers l'Ordre, c'est-à-dire vers le Devoir.
C'est pourquoi Joubert nous dit que l'idée de l'ordre
en toute chose, de l'ordre littéraire, moral, politique
et religieux, est la base de toute éducation. Puis il
ajoute avec une rare sagesse : « Il n'est pas bon
d'apprendre la morale aux enfants en badinant.
S'il doit y avoir dans la vie humaine quelque chose
d'immuable et d'indépendant de nos goûts, de nos
fantaisies, de notre volonté, c'est le Devoir. C'est
là le terme qu'il ne faut jamais remuer, le rocher
où l'on se sauve et où le flux et le reflux de nos
inclinations doit venir se briser, même dans les
orages de la fortune et des passions. »

Mais ne serait-il pas utile d'essayer de comprendre

dans quel sens Joubert entendait le mot *Religion*
que l'on rencontre si fréquemment sous sa plume.

L'auteur des *Pensées* était-il un fanatique secta-
teur d'une *lettre* religieuse particulière et exclusive,
d'un Christianisme intolérant et puéril, ou bien
considérait-il la Religion dans son sens universel
et philosophique ?

Le doute, selon nous, n'est pas permis à cet
égard.

Il suffit de lire les *Pensées* sans idées préconçues
pour saisir la signification vraie que Joubert donne
au mot de *Religion* que l'on prononce si souvent et
que l'on comprend si mal.

Selon nous, et à notre avis, selon l'auteur des
Pensées, la Religion n'est autre chose à l'origine
que le lien moral et familial des hommes entr'eux.
C'est ainsi qu'elle est dite *naturelle*. Ce n'est que
lorsqu'elle devint un instrument politique de domi-
nation que les dogmes se formèrent et qu'on altéra
sa simplicité originelle.

Mais dans son sens universel, la Religion est un
lien, une alliance de l'homme avec l'homme et des
hommes avec Dieu, et le principe d'où émane toute
religion par inspiration native, c'est la Loi Morale.

Il n'y a pas de Révélation dans le sens enfantin où quelques-uns s'obstinent à le prétendre encore, c'est-à-dire de Révélation extérieure, de communication exceptionnelle de Dieu avec l'Homme.

La Révélation est toute intérieure, elle s'appelle la Conscience. C'est « cette Lumière que tout homme apporte avec lui en venant en ce monde ». Ajoutons que la méconnaissance de cette vérité fondamentale a causé à l'Humanité ses larmes les plus amères et ses plus grandes catastrophes.

En somme, chercher et trouver l'Infini, l'Éternel en toutes choses, voilà la Religion, et ce qui constitue la vie religieuse, c'est de tendre par le sentiment à l'Unité du *Moi* et de l'Infini.

Aimer l'Esprit Universel, contempler ses œuvres avec amour, comprendre l'Unité Divine, l'Éternelle immutabilité du monde et l'Harmonie qui l'anime, telle est la fin de la Religion.

On peut dire que l'idée de Dieu nous est virtuellement donnée pour la conscience et c'est dans ce sens, nous ne saurions trop le répéter, qu'il y a une révélation primitive, c'est par là que Dieu est présent en nous. Aussi toute religion a son point de départ dans la Raison car « la Raison, comme le dit admirablement l'apôtre Paul, c'est Dieu en nous ».

Quant à la variété des symboles et des rites, ils résument seulement l'Idée d'Unité. Leurs métamorphoses successives selon le degré de développement de l'Esprit humain prenant conscience de lui-même constituent la sublime évolution de l'Idée Divine dans le Monde. C'est à ce point de vue que nous croyons que Joubert s'est placé lorsqu'il traite de la Religion et de sa bienfaisante influence sur les civilisations.

On sait que Joubert, affligé d'une faible constitution, fut, pendant presque toute sa vie, en proie à des langueurs maladives qui l'empêchèrent de se dépenser en activité extérieure et furent la cause de son existence méditative et solitaire.

En général, ce que l'organisme perd en exubérance, l'esprit le gagne en développement. Joubert est un éclatant exemple de ce fait. Le cerveau a profité chez lui de l'inaction relative des autres énergies vitales. Très apte à pénétrer les causes de cette situation organique, le penseur a noté avec infiniment de justesse les rapports de la vie intellectuelle avec l'état du valétudinaire.

Voici quelques-unes de ses plus curieuses réflexions ayant trait à cet aspect particulier de sa vie : « Vivre médicinalement ce n'est pas toujours vivre malheureux, quoi qu'en dise le proverbe, si pendant ce temps on vit en soi et avec soi. Vivre en soi, c'est n'avoir de mouvements que ceux qui nous viennent de nous et de notre consentement ; et vivre avec soi, c'est ne rien éprouver qui ne nous soit connu ; c'est être le témoin, le confident, l'arbitre de tout ce qu'on pense, c'est se servir de compagnon, d'ami et de régulateur ; c'est à la fois mener et contempler sa vie. Les valétudinaires n'ont pas comme les autres hommes une vieillesse qui accable leur esprit par la ruine subite de toutes leurs forces. Ils gardent jusqu'à la fin les mêmes langueurs ; mais ils gardent aussi le même feu et la même vivacité. Accoutumés à se passer du corps, ils conservent pour la plupart un esprit sain dans un corps malade. Le temps les change peu, il ne nuit qu'à leur durée. »

Il est difficile de mieux exprimer une situation qui fut celle de toute son existence. Et de fait, cette

espèce d'infériorité physique qui empêche l'homme
de se mêler aux agitations de la vie, n'est-elle pas
une puissante sauvegarde contre les entraînements
vains et les inutilités du monde qui usent l'être en
le dispersant sans aucun profit pour lui-même et la
société dont il fait partie? Nous croyons fermement
que la maladie est une grande école de méditation
et de perfectionnement, car, si la jouissance physique
produit l'égoïsme, et, finalement, la ruine de nos
facultés supérieures, la souffrance inspire aux grandes
âmes les hautes pensées et les nobles renoncements
puisque la souffrance ou la formation est la loi
nécessaire de la vie. Spinoza traînait une existence
misérable, Montaigne, Descartes, Pascal, Vauvenargues, Maine de Biran, etc., furent des valétudinaires,
et nous croyons que si l'on cherchait bien, on trou-
verait que les grands contemplatifs ont à peu près
tous été victimes d'une santé défaillante, tant il est
vrai que l'homme spirituel germe des cendres
fécondes de l'homme charnel.

Aussi combien est juste le mot de Mlle de Chastenay, lorsqu'elle dit que « Joubert a l'air d'une
âme qui a rencontré par hasard un corps et qui
s'en tire comme elle peut ! ». En effet, toute son

œuvre est imprégnée d'un charme psychique exceptionnel. L'atmosphère où se meut sa pensée est en quelque sorte supra-terrestre, les mots qu'il emploie sont intérieurement éclairés par une vision d'au delà, on y sent, selon son expression, « beaucoup de ciel et peu de terre », on y touche l'immatériel sous le vêtement sensible du son qui sert à la parole de véhicule et de support. C'est une âme parvenue dans les régions sereines de la lumière et s'y maintenant sans fatigue, comme l'aigle se soutient, immobile, les ailes étendues, dans le grand abîme de l'espace.

« Les vérités suprêmes, écrit Joubert, ont une si grande beauté que les erreurs même qui nous occupent d'elles ont quelque chose de ravissant et les ombres qui les voilent, je ne sais quoi de lumineux. »

« La vérité ressemble au ciel et l'opinion à des nuages. »

« Dans la lumière il y a deux points, celui qui éclaire et celui qui égare : il faut s'en tenir au premier. »

« Étudiez les sciences dans la vérité, c'est-à-dire en regardant Dieu, car elles doivent montrer la vérité, c'est-à-dire Dieu partout ! »

« Il n'y a pour l'homme qu'un moyen d'échapper aux maux de la vie, c'est d'échapper à ses plaisirs et de chercher les siens plus haut. »

Le chapitre intitulé du *Siècle* est certainement un de ceux qui contiennent le plus d'idées ingénieuses, d'aperçus originaux, de préceptes salutaires. Joubert y stigmatise les tendances mauvaises et les vices de son temps ; il prévoit aussi où aboutiront les aspirations vagues qui l'entourent, aspirations dont les fruits mûrs sont l'apanage de notre société contemporaine.

« Nous vivons dans un siècle où les idées superflues surabondent, et qui n'a pas les idées nécessaires. — Peu d'idées et beaucoup d'appréhensions ; beaucoup d'émotions et peu de sentiments ; ou si vous l'aimez mieux, peu d'idées fixes et beaucoup d'idées errantes ; des sentiments très vifs et point de sentiments constants ; l'incrédulité aux devoirs et la confiance aux nouveautés ; des esprits décidés et des opinions flottantes ; *l'assertion au milieu du doute ;* la confiance en soi-même et la défiance

d'autrui ; la science des folles doctrines et l'ignorance de l'opinion des sages : tels sont les maux du
siècle. »

Et cette pensée ne résume-t-elle pas tout un ordre
d'idées et tout un état social ? « Le siècle est tra-
vaillé de la plus terrible des maladies de l'esprit, le
dégoût des religions. *Ce n'est pas la liberté religieuse, mais la liberté irréligieuse qu'il demande !* »

En parcourant les causes de décadence qui mena-
cent la société française, Joubert insiste toujours
avec une préférence marquée sur les effets néga-
tifs et sur la méthode vicieuse de la critique du
XVIIIe siècle. Il montre d'abord que l'esprit philosophique d'alors n'a été qu'un système de contradiction appliqué aux mœurs et aux lois. « Or, dit-il,
l'esprit de contradiction est superficiel, il éloigne de
toute étude sérieuse ; n'exigeant aucun travail, il est
commode, mais il est funeste et destructeur. L'esprit d'assentiment demande au contraire bien plus
d'intelligence, d'examen et de savoir. Il est pénible,
mais bienfaisant, conservateur et réparateur. »

« Nos réformateurs, écrit encore Joubert, ont dit
à l'expérience, tu radotes ; et au temps passé, tu es
un enfant. »

« Toutes les fois que les mots *autel, tombeaux,
héritage, terre natale, mœurs anciennes, nour-
rice, maître, piété,* sont entendus ou prononcés
avec indifférence, tout est perdu ! »

« Où le siècle tombe, il faut l'appuyer. »

« Être capable de respect est aujourd'hui presque aussi rare qu'en être digne. »

Maintenant, est-ce que les maximes suivantes,
bien qu'écrites il y a près d'un siècle, ne sont pas
de nos jours d'une stupéfiante modernité : « La
force n'est pas l'énergie, quelques auteurs ont plus
de muscles que de talent. *En littérature aujour-
d'hui on fait bien la maçonnerie, mais on fait mal
l'architecture...* Nous ne prenons plus garde dans
les livres à ce qui est beau ou à ce qui ne l'est pas,
mais à ce qui nous dit du bien et du mal de nos
amis et de nos opinions... Un des maux de notre
littérature, c'est que nos savants ont peu d'esprit
et que nos hommes d'esprit ne sont pas savants. »

Enfin quel admirable trait que celui-ci : « Que de
savants forgent les sciences, cyclopes laborieux,
ardents, infatigables, mais *qui n'ont qu'un œil !* »

Veut-on savoir de quelle façon Joubert touche
aux problèmes les plus délicats et aborde comme

en se jouant les vérités supérieures sans alourdir
son vol d'aucun bagage pédantesque?

Il s'agit de l'origine du langage, question capitale
et dont la solution doit avoir sur la philosophie
et la religion les conséquences les plus importantes.
On sait quelle place, surtout au commencement du
XIXᵉ siècle, ce problème a tenue dans les esprits ;
il est donc curieux de voir de quelle manière
Joubert le traite et avec quelle simplicité, quelle
clarté suprême, il le résout dans le sens vraiment
spiritualiste.

« L'invention des langues est une industrie naturelle, c'est-à-dire commune, et, en quelque sorte,
donnée à tous. Quant à son exercice, il ne faut pas
s'imaginer qu'il est si difficile d'inventer quelques
mots ; les enfants même en sont capables et le
genre humain a partout commencé comme eux... »

« Courber un arc, attacher une corde, y ajuster
une flèche sont des opérations aussi compliqués et
aussi difficiles que de construire une phrase, et
cependant, l'arc et la flèche sont partout ; partout
où il y a des insulaires il y a des barques ; partout
où il y a des hommes et des forêts, il y a de la
chasse et des armes, des armes qui atteignent de

loin. Partout où il y a plusieurs hommes il y a des mots. L'homme est né avec la faculté de parler ; qui la lui donne ? *Celui qui donne son chant à l'oiseau !* »

Peut-on avec plus de force et de netteté éclairer un point de vue aussi complexe que la question de l'origine du langage ? La doctrine de Bonald est là tout entière, enchâssée dans quelques mots d'une stupéfiante simplicité.

Voulant achever maintenant l'examen rapide que nous venons de faire des *Pensées,* il nous semble que nous ne saurions mieux terminer qu'en ajoutant à nos nombreuses citations une dernière maxime dont l'esprit résume, selon nous, tout un ordre d'idées bien fait pour être médité.

« Il n'y a que des livres sacrés qui obtiennent un empire étendu et durable. Tous les autres ne font qu'occuper plus ou moins sérieusement les moments perdus de quelques désœuvrés. Habituer les hommes à des plaisirs qui ne viennent ni de la chair, ni de l'argent, en leur faisant goûter les choses de l'esprit, me paraît, en effet, le seul fruit que la nature ait attaché à nos productions littéraires. Quand elles ont d'autres effets, c'est par hasard et c'est tant pis… Le sage ne compose point : entre ses idées il en admet peu ; il choisit les plus importantes, les livre telles qu'elles sont et ne perd point son temps aux déductions. Triptolème, quand il donna le blé aux hommes, se contenta de le semer, il laissa à d'autres le soin de le moudre, de le bluter et de le pétrir. »

☙

Avant d'entrer dans l'étude des lettres de Joubert, il n'est pas inutile de jeter sur les *Pensées* un regard rétrospectif et de se demander quelle est la caractéristique de ce recueil que nous venons de parcourir ?

Dans l'homme, d'abord, ce qui frappe surtout, c'est son inaltérable bonté, son complet désintéressement et son amour tout chrétien du prochain.

Chez La Bruyère, à qui Joubert est on ne peut plus digne d'être comparé, ces sentiments ne sont pas aussi saillants ; quant à La Rochefoucauld, il ne croit pas à la vertu et Vauvenargues est mû surtout par le désir de la gloire.

Comme penseur, Joubert s'élève à des hauteurs

que lui permettent seules d'atteindre les convic-
tions qu'il a puisées dans sa famille et auprès des
Pères de la Doctrine Chrétienne, qui furent ses
premiers éducateurs. Il en résulte pour lui une
sérénité dans la foi et une confiance dans les destinées futures de l'homme que n'ont pu altérer ni les
séductions des Encyclopédistes, ni les utopies révo-
lutionnaires, ni les sanglantes horreurs de la Terreur,
ni les honteuses saturnales du Directoire.

Pour lui, l'existence d'un Dieu créateur et l'im-
mortalité de l'âme sont des idées *innées* que notre
sentiment intime suffit à rendre évidentes. Dans les
conséquences qu'il en tire, il est persuasif parce
qu'il est convaincu, aussi nous entraîne-t-il sur les
sommets les plus élevés, et cela comme en se jouant
dans la lumière des régions supérieures de l'intelligence.

Au point de vue du style, personne n'a poussé
aussi loin que lui la condensation de la pensée dans
la phrase et le scrupule dans le choix de l'expression. C'est pourquoi si l'on compare l'idée à la
pierre précieuse, au diamant, et la phrase au métal
sur lequel cette pierre est montée, Joubert est le
joaillier qui a su réduire le métal au minimum de

matière. Aussi la monture par son élégance, sa légèreté, sa ciselure, laisse à la pierre qu'elle enchâsse
son maximum d'éclat et de rayonnement.

Enfin pour caractériser d'une manière exacte la
personnalité de Joubert, il faut dire qu'il doit être
placé au premier rang de « ces philosophes dont
la science n'est ni ardue, ni exigeante, ni compli-
quée, bienfaisants et doux moralistes qui s'adressent
à la fois à la raison et au sentiment, qui émeuvent
et troublent pour le bien, philosophes enfin qui,
en enseignant la vertu et l'amour de Dieu, deviennent à leur insu les plus aimés parmi les initiateurs
du genre humain* ».

Peut-être en lisant ces pages où nous nous effor-
çons de mettre en relief les qualités éminentes du
penseur qui a su conquérir notre admiration res-
pectueuse et passionnée, viendra-t-il à l'esprit de
plus d'un lecteur de nous accuser de vulgaire compi-
lation.

Que répondre à une accusation, en apparence

* Jules Simon, *Religion naturelle.*

aussi fondée, si ce n'est par un aveu sincère d'infériorité. Hélas! oui, l'érudition, l'examen, la traduction, le surmoulage, ne seront jamais comparables à l'invention et à l'imagination géniales. Mais qu'y faire? Bannir de la cité des lettres les ouvriers de la superfétation, de l'analyse et de la critique vulgarisatrice, en les déclarant dangereux ou inutiles ? La Bruyère de son temps fut déjà cruel à leur égard. « Il y a des esprits, écrit-il, si je l'ose dire, inférieurs et subalternes qui ne semblent faits que pour être le recueil, le registre ou le magasin de toutes les productions des autres génies. Ils sont plagiaires, traducteurs, compilateurs ; ils ne pensent point, ils disent ce que les autres ont pensé..... On est tout à la fois étonné de leur lecture et ennuyé de leur entretien ou de leurs ouvrages : ce sont eux que les grands et le vulgaire confondent avec les savants et que les sages renvoient au pédantisme. »

Certes, cette condamnation tombée de la plume de l'auteur des *Caractères,* n'est pas faite pour encourager les efforts de *mosaïstes* tels que nous, qui cherchons à extraire l'or pur de la mine si souvent exploitée de l'esprit des maîtres.

Le trait est juste, il porte assez profondément

surtout quand La Bruyère ajoute : « La critique
ordinairement n'est pas une science ; c'est un
métier, où il faut plus de santé que d'esprit, plus
de travail que de capacité, plus d'habitude que de
génie. Si elle vient d'un homme qui ait moins de
discernement que de lecture et qu'elle s'exerce sur
de certains chapitres, elle corrompt et les lecteurs
et l'écrivain. »

Cependant, si c'est là la pensée de ce grand juge
dans les choses de l'esprit, n'est-il pas possible
d'opposer aux rigueurs de son verdict quelques
considérations de nature à nous obtenir au moins
les circonstances atténuantes?

Or, voici ce que nous répondrons pour notre
défense, dussent les La Bruyère à venir nous
écraser encore du poids de leur dédain. C'est au
moyen d'une citation que nous voulons essayer de
nous sortir d'affaire, et cette citation c'est Joubert
qui nous la fournira. D'abord, il dit : « Génies
gras, ne méprisez pas les maigres », puis après
cette boutade, il ajoute : « Être aigle ou fourmi
dans le monde intellectuel me paraît à peu près
égal ; l'essentiel est d'y avoir une place marquée,
un rang assigné... Un petit talent, s'il se tient dans

ses bornes et remplit bien sa tâche, peut atteindre le but comme un plus grand. »

Mais quel est ce but ? Quel est ce rôle ? Toute la question est là. Le nôtre se réduit à une sorte de mission d'avant-garde qui consiste à présenter à l'inattention et à la frivolité de la masse intellectuelle une besogne toute faite, un travail tout préparé, pour l'introduire, s'il se peut, dans la connaissance et la familiarité de ces esprits d'élite dont on entend parler vaguement et dont on feint de ne pas ignorer le nom, mais que, sans les humbles vulgarisateurs de notre espèce, on laisserait peut-être se morfondre dans la majesté de leur solitude.

Donner le goût du Beau, l'appétit du Vrai, la passion du Bien, n'est-ce pas une tâche enviable et sainte ?

Le prisme est-il donc inutile à la lumière quand il distribue ses rayons ? Souvent un humble morceau de verre peut réfléchir le Soleil.

Demeurons donc dans l'obscurité salutaire de notre rôle et continuons avec confiance l'œuvre de vulgarisation que nous avons entreprise. Pour le cas présent, faire aimer Joubert, c'est-à-dire le faire lire, est notre plus chère ambition.

Gœthe et Descartes ont remarqué que presque toujours il y avait autour des hommes illustres d'autres hommes pour la plupart restés dans l'ombre, mais que les premiers considéraient comme leurs égaux et quelquefois même, comme supérieurs à leur propre génie. Mais ces comparses d'abord négligés par la fausse gloire qui veut être violentée, ont presque toujours leur éclatante revanche aux yeux de l'impartiale postérité. Joubert, et peut-être de nos jours, Doudan, sont du nombre de ces heureux privilégiés sur le front desquels l'opinion, dégagée des souffles malsains de la célébrité factice, met une couronne qui ne se flétrit pas.

Aussi devons-nous rapprocher du nom de Joubert celui de l'auteur des *Lettres* et des *Mélanges*.

Avec un tout autre genre d'esprit et des différences sensibles au point de vue des principes, par ses habitudes méditatives, son vif amour de la perfection, sa délicatesse, sa fine ironie et son atticisme rare, Doudan a de nombreux points de contact avec l'auteur des *Pensées*.

Son organisation frêle de valétudinaire eut sur sa

vie la même influence que la faible constitution de Joubert avait produite sur la sienne. On trouve dans ses œuvres une extrême distinction de pensée mais beaucoup moins de sérénité confiante, de fermeté éclairée que dans les écrits du moraliste auquel nous pouvons le comparer cependant sans trop de désavantage.

Comme Joubert, Doudan appartient à cette famille d'esprits dont le rôle effacé n'en a pas moins une très grande utilité et une très grande portée. Ils soutiennent, conseillent, dirigent même souvent d'autres esprits arrivés à la célébrité, mais ils restent dans l'ombre parce que leur destinée est d'y rester, au moins pendant que rayonne la gloire quelquefois éphémère de ceux dont ils étaient les discrets inspirateurs.

De même que le nom de Joubert est demeuré enseveli, ignoré presque, tandis que la renommée de ses illustres amis atteignait jusqu'aux confins de l'Europe et du Monde, celui de Doudan, aujourd'hui jugé parmi les meilleurs, n'avait pas franchi les salons où s'élaborait la réputation des Broglie, des Falloux, des Montalembert, des d'Haussonville et des Swetchine.

Après la course rapide que nous venons de faire à travers les *Pensées* de Joubert, il nous reste à parler maintenant de sa *Correspondance,* presque aussi remarquable à nos yeux que les *Pensées* elles-mêmes.

Dans ces lettres peu nombreuses, mais dont le style ne procède en rien de la nonchalance et du négligé du genre épistolaire, on trouve un Joubert s'il se peut plus intime que ne nous l'avaient fait connaître les *Pensées.*

Ces lettres, dans leur diversité continuelle, offrent un intérêt soutenu, car de près ou de loin tous les sujets intéressant la période comprise entre 1792 et 1823 y sont traités par une intelligence supérieure, par un spectateur incorruptible et véridique, parfois même par un prophète inspiré de l'avenir des institutions et des hommes.

Sans prétendre entrer dans le détail de cette correspondance, nous allons tâcher d'indiquer les points de relief qui méritent un examen particulièrement attentif.

Le volume de la *Correspondance* débute par une lettre adressée au baron de J..., tuteur de la jeune fille que Joubert voulait faire épouser à son ami

Fontanes, ce qui eut lieu dans la suite, grâce à la persévérante et affectueuse insistance que l'auteur des *Pensées* mit à atteindre ce but.

Nous n'avons pas cité cette première lettre de la *Correspondance* avec la seule intention de l'intérêt anecdotique, car on doit y voir encore toutes les ressources d'une persuasion irrésistible et scrupuleusement honnête : cette lettre est aujourd'hui presque classique. « Monsieur, je veux vous parler de M. de Fontanes. Ses talents sont rares, son caractère élevé, sa naissance honorable. Il est fait pour prétendre à tout... Sa fortune est modique, ce n'est pas qu'il soit sans patrimoine ; il a le cœur trop grand pour ne pas s'y trouver resserré. Il a trente et un ans, ses sentiments sont droits et forts, ses principes sont sains. Son seul défaut est une certaine mobilité d'opinions, très agréable en lui et dont ses amis seraient bien fâchés de le voir corrigé. Cependant il la perdra dès qu'il verra son sort fixé. MM. de la Harpe et Ducis vous diront ce qu'ils pensent sur son talent qu'ils connaissent, etc., etc. Il est jeune, il est aux portes de l'Académie, il a déjà de la gloire et son mérite est de cette espèce verte et robuste qui ne fait que croître avec le temps. En le mariant, en lui donnant de la fortune et une fille charmante, propre à entretenir en lui un perpétuel enchantement, vous rendriez un grand service aux Beaux-Arts et à la France ; vous hâteriez l'achèvement d'un grand homme. Il faut que les grands talents, pour acquérir leur maturité, aient été battus par l'adversité passée et qu'ils soient favorisés par la prospérité présente : *ce sont là leurs vents et leur soleil.* »

Les lettres adressées à Mlle Moreau de Bussy, qui devint plus tard la compagne dévouée de l'existence de Joubert, sont empreintes d'une grande élévation de sentiments. Choisissons quelques perles dans l'échange de ces deux pensées, si bien faites pour s'unir.

Mlle Moreau de Bussy, qui habitait à cette époque Villeneuve-sur-Yonne, venait d'être cruellement frappée par la mort successive de presque tous les siens. Orpheline, absolument isolée, plongée dans un douloureux abattement, Joubert lui prodigua, avec un tact parfait et une rare douceur, les plus encourageantes consolations.

« Mais vous craignez, dites-vous, en acceptant des consolations, d'outrager et de blesser *les chères ombres, les mânes sacrés* de nos amis. Il y a là une exagération de sentiment et de langage que je ne saurais ménager. Aucune affection honnête ne peut blesser des êtres bons. Si dans notre imperfection terrestre nous éprouvons des jalousies, elles cessent et se déposent avec le limon qui environne notre nature.

» Au delà de cette vie, tout est clarté, tout est bonté....

» Mais les intelligences célestes pensent bien différemment. Flattées uniquement de la partie spirituelle et pure de nos sentiments, elles nous permettent de disposer de tout le reste... L'idée de partage qui, pour nous, aveugles, est inséparable de l'idée de diminution, parce que l'un ne s'opère point sans l'autre sur les objets matériels que nos mains tâtonnent sans cesse, n'offre à ces êtres clairvoyants qu'une impression d'étendue qui leur plaît et les réjouit. »

Il nous faut citer en outre, cette page, selon nous saisissante, où Joubert traite de l'idée de la mort et fait jaillir des aperçus magnifiques sur la façon dont elle doit être envisagée et sur la manière dont on doit honorer le souvenir de ceux qui ne sont

plus. Il y a là des pensées d'un grand enseigne-
ment, et c'est une des lettres de Joubert qui
méritent le plus la méditation du lecteur.

« Non, les amis que nous avons perdus ne sont
point honorés par ces douleurs excessives qui
n'honorent personne, parce qu'elles supposent plus
la faiblesse et l'entêtement des âmes qui les éprou-
vent, que la grandeur des pertes qu'on a faites. Il y
a telle femme dans le monde qui, pour la perte
d'un enfant de quatre jours, s'est plus désolée, a
plus pleuré et s'est obstinée à se désoler plus
longtemps qu'on ne le fait pour des êtres dont la
vie avait un grand prix. Ce qui honore ceux qui ne
sont plus, c'est une douleur modérée, à qui sa
modération même permet d'être aussi durable que
la vie de celui qui l'éprouve, parce qu'elle ne
fatigue ni son âme, ni son corps, une *douleur haute*
qui permet aux occupations et aux développements
de la vie de passer en quelque sorte sous elle : une
douleur calme, qui ne nous met en guerre, ni avec
le sort, ni avec le monde, ni avec nous-mêmes et
qui pénètre une âme en paix dans les moments de
son loisir, sans interrompre son commerce avec les
vivants et avec les morts. »

Voici maintenant, après ces vues si justes et si réconfortantes, la façon dont Joubert voudrait être regretté. Cette calme et sereine pensée de la tombe dissipe les horreurs enfantées par l'imagination au sujet des mystères de cette métamorphose qu'on appelle la mort.

« Je voudrais que mon souvenir ne se présentât jamais à mes amis sans amener une larme d'attendrissement sur leurs paupières et un sourire sur leurs lèvres. Je voudrais qu'ils puissent penser à moi au sein de leurs plus vives joies, sans qu'elles en fussent troublées, et qu'à table même, au milieu de leurs festins et en se réjouissant avec des étrangers, ils fissent quelque mention de moi en comptant parmi leurs plaisirs le plaisir de m'avoir aimé et d'avoir été aimés de moi. Je voudrais avoir eu assez de bonheur et de bonnes qualités pour qu'il leur plût de citer souvent, à leurs nouveaux amis, quelques traits de ma bonne humeur et de mon bon sens, ou de mon bon cœur, ou de ma bonne volonté, et que ces citations rendissent tous les cœurs plus gais, mieux disposés et plus contents. Je voudrais que jusqu'à la fin ils se souvinssent ainsi de moi, qu'ils fussent heureux et qu'ils eussent une longue vie pour s'en souvenir plus longtemps.

» Je voudrais avoir un tombeau où ils pussent venir en troupe dans un beau temps, dans un beau jour, pour parler ensemble de moi avec quelque tristesse douce qui n'exclut pas toute joie. Je voudrais surtout, et j'ordonnerais si je le pouvais, que pendant cette tendre cérémonie, pendant l'aller et le retour, il n'y eût, dans les sentiments et les convenances, rien de lugubre et rien de repoussant, en sorte qu'ils offrissent un spectacle qu'on fût bien aise d'avoir vu. Je voudrais, en un mot, exciter des regrets tels que ceux qui en seraient témoins ne craignissent, ni de les éprouver, ni de les inspirer eux-mêmes. C'est l'image des regrets affreux qu'on doit laisser après soi qui rend la mort si amère. Ce sont les horreurs dont on a environné la mort qui rendent à leur tour les regrets des survivants si terribles. Ces deux causes agissent perpétuellement l'une sur l'autre et bouleversent les âmes dans leurs sentiments les plus louables et les plus inévitables. Nos passions ont fait de notre dernière heure un sujet de désespoir et d'effroi, un moment haï dont la prévoyance et le souvenir se détournent également.

» Nos institutions et nos coutumes en ont fait
à leur tour un événement dont on se hâte d'oublier
aussi vite qu'on peut l'épouvantable appareil, au
lieu de nous accoutumer dès l'enfance, par la pensée
et par les sens, à ne regarder cette séparation que
comme le moment d'un départ pour un voyage sans
retour, voyage que nous ferons un jour nous-mêmes
sans doute, pour nous réunir dans des régions invisibles, on n'a rien oublié de ce qui était propre
à en faire un objet d'horreur. On nous l'a fait considérer comme un châtiment, comme le coup porté
par un exécuteur tout puissant, comme un supplice
enfin ; et nos amis, nos proches, quand nous avons
cessé de vivre, quittent notre lit de repos comme
ils quitteraient l'échafaud où l'on nous aurait mis
à mort. »

Peut-on dire avec plus de sagesse des vérités aussi
tristement méconnues ? De cette façon vulgaire
d'envisager la mort que combat Joubert avec tant
de force, on peut rapprocher cette pensée d'Adam
Smith : « *Nous n'avons pas peur de la mort, mais
bien peur d'être mort* », faisant ainsi allusion à
l'appareil lugubre du tombeau moderne et à la
dissolution repoussante du cercueil.

Et, à ce propos, qu'on nous permette de signaler dans plusieurs des lettres de Joubert des passages non équivoques exprimant sa sympathie pour le mode funéraire des anciens, l'incinération, qui, à certains égards, offre des avantages véritablement indiscutables sur le vieil ensevelissement des Occidentaux. Quelle différence, en effet, entre le bûcher triomphal du Paganisme hellénique et les misères abjectes de la décomposition.

Quoi qu'il en soit, revenons à Joubert à propos de la femme qui tint une si grande place dans sa vie intellectuelle et sentimentale, Mme de Beaumont qui, désormais, restera, aux yeux de la postérité, inséparable du souvenir de l'exquis moraliste, son directeur, son conseiller, son ange gardien et son ami parfait, celui qui professa pour elle un culte si ardent et si respectueux, si tendre et si dévoué.

C'est une touchante histoire que celle de cette liaison éminemment pure de Joubert et de Mme de Beaumont. Commencée aux plus mauvais jours de la Révolution, alors que la jeune Pauline de Montmorin, brutalement séparée des siens voués à l'échafaud, était abandonnée à la commisération publique, cette amitié dura sans éclipses, jusqu'à la mort de la jeune femme, dont on connaît les douloureuses circonstances.

Mme de Beaumont s'éteignit en effet à Rome, entre les bras d'un autre de ses illustres amis, Chateaubriand, ce don Juan légendaire dont l'affection était d'une nature toute différente de celle de Joubert.

Il ne nous convient pas d'établir ici un parallèle étendu entre les deux influences qui se disputèrent la vie de Mme de Beaumont. Entrer dans le détail des relations de cette femme si distinguée avec le grand charmeur ne nous semble pas opportun. Il nous suffira de dire que l'espèce de fascination qu'exerçait Chateaubriand sur Pauline de Montmorin fut un des plus grands chagrins de la vie de Joubert, car il pressentait, hélas! trop justement que la passion violente de Mme de Beaumont pour le maître écrivain aurait sur sa frêle santé les plus désastreuses conséquences. Mais qu'on ne s'y trompe pas, rien des vulgarités de la jalousie ne pouvait entrer dans la sollicitude dont le doux philosophe entourait sa délicieuse amie.

Ce sentiment mesquin des petites âmes n'a jamais, selon nous, effleuré sa pensée. Il avait du reste placé trop haut le caractère de son affection, pour que les choses de la chair y eussent la moindre part. Non, Joubert souffrait surtout de voir la femme qu'il estimait et aimait le plus au monde, prodiguer en pure perte à l'égoïsme olympien de *René* les plus exquises tendresses de son cœur et les plus exubérants transports de son admiration.

Il faut suivre avec attention les craintes, les angoisses du véritable ami toujours soucieux de la santé physique et morale de l'être qu'il chérit par dessus tout. Délicatement, avec un tact suprême, évitant soigneusement ce qui pourrait ressembler à du dépit, Joubert s'efforce dans la plupart de ses lettres à Mme de Beaumont, de lui témoigner une inquiétude paternelle toutes les fois qu'il pressent qu'ainsi que le papillon ivre de lumière se brûle au contact du flambeau, elle va user son énergie, dépouiller son âme aux pieds de l'idole dont elle doit mourir.

Aussi il faut bien reconnaître que le fait principal

de la vie de Joubert fut son attachement passionné pour Mme de Beaumont, cette enchanteresse incomparable qui eut la gloire d'être le trait d'union entre deux des hommes les plus éminents du siècle. Attendrissante fut la destinée de cette amie suave de Joubert et de cette fanatique admiratrice de Chateaubriand. Pour l'un elle est la muse, l'ange inspirateur, le bon génie ; pour l'autre la femme qui meurt désespérée de n'avoir pu envelopper de sa passion l'âme inconstante de *René*.

Il y a dans cette triple liaison des états psychologiques singulièrement curieux qui mériteraient d'être fouillés par un maître observateur des choses de la conscience et du sentiment. D'un côté, le drame intime de la femme incomprise qui souffre un long martyre de ne pas être tout pour celui dont le génie a tendu jusqu'au paroxysme les fibres de son imagination, de son intelligence et de son cœur; de l'autre, la calme mais profonde tendresse témoignée jusqu'au dernier souffle par un être pur entre les plus purs, à une créature délicate et frêle dont le charme stimulait toutes les activités supérieures.

En effet, rien n'autorise à penser que Chateaubriand, dans les enivrements de la gloire ou les lourds ennuis de l'égoïsme, ait payé de retour la passion débordante qu'avait conçue pour lui Pauline de Beaumont. Dire qu'il a méconnu les trésors d'esprit et de grâce cachés au plus profond de cette nature d'exception, ce serait aller trop loin. On doit penser seulement qu'emporté par les fièvres de son existence colossale, fasciné par les mirages décevants des vanités et des plaisirs, Chateaubriand a laissé languir dans l'ombre de son indifférence cette fleur délicieuse qui exhalait à ses côtés l'encens de son parfum et le meilleur de sa vie.

Aussi, peut-on ne pas être saisi d'une poignante tristesse lorsqu'on assiste par la pensée à la mort de Mme de Beaumont, s'éteignant à Rome entre les bras de son idole et de son bourreau ? Quoi de plus navrant que ce spectacle ? Pâle, émaciée par cette maladie qui ne fut autre chose que le chagrin, la jeune femme va quitter la vie où elle a fait le dur apprentissage de toutes les douleurs, elle va entrer dans l'Éternité, le regard fixé sur celui qui, dès ici-bas, eût pu lui ouvrir le ciel.

Elle meurt... et *René* lui fait l'aumône de quelques paroles d'amour qu'il enveloppe dans des protestations théâtrales, mais Pauline sent aux derniers battements de son cœur que Chateaubriand la trompe, qu'il la berce de tendres assurances pour ne point la laisser s'endormir du grand sommeil sans le bonheur de l'illusion consolante et suprême !

Maintenant, quelle fut la vraie nature de l'affection de Joubert pour Mme de Beaumont ? Ah ! le contraste est saisissant ! Si Chateaubriand se révèle comme un demi-dieu condescendant à se laisser aimer, l'auteur des *Pensées* nous apparaît comme le consolateur discret de l'âme blessée, son refuge et son véritable ami.

On sent qu'il souffre pour la jeune femme de la légèreté de don Juan. Il l'aime si absolument qu'il la voudrait heureuse, fût-ce par un autre. Il sait tout, et il se tait, de peur de troubler d'une allusion le rêve ou sa vie intellectuelle et sentimentale. Le cœur de Pauline de Montmorin est le sanctuaire inviolé de ses plus chères pensées, de ses plus douces extases. Pas un atome de chair ne palpite dans cette pure tendresse. Une indicible suavité enveloppe la communion de ces deux êtres, dont l'un est comme le miroir de l'autre, le reflet de sa sensibilité, l'écho de son esprit.

Ce délicat songeur vivait son rêve surhumain aux éclairs de ses prunelles de feu, tantôt voilées d'une inexprimable mélancolie, tantôt profondes comme l'Infini, tantôt claires comme l'Espérance.

Un philtre mystérieux agissait en lui. Le charme, cette suprême séduction de la femme, le retendit par les mille fils d'or de sa toute-puissance, et de même que la terre s'ouvre pour la fécondité aux caresses de la lumière, l'âme de Joubert s'épanouissait, son esprit décuplait ses énergies sous les rayons immatériels de sa muse inspiratrice « à la bouche spirituelle, aux yeux profonds, fendus en amande, d'une suavité extraordinaire et à demi éteints par la langueur, à la longue chevelure, à la taille élégante et souple ».

Aussi quel souvenir différent durent garder de la pauvre morte ces deux hommes qui furent les deux moitiés de sa vie ! Chateaubriand fit de belles phrases, enguirlanda sa douleur, ou peut-être son remords, des fleurs d'une majestueuse rhétorique ; Joubert se tut, car le silence seul pouvait exprimer toute l'immensité de son désespoir.

Mais Pauline disparue, il n'en continua pas moins à en faire l'étoile de ses pensées. « Ferme les yeux et tu verras », écrivait le doux rêveur en parlant des yeux de l'esprit. Ne doit-on pas ajouter qu'il fermait sans doute bien souvent ceux du corps avec une émotion religieuse pour évoquer au plus profond de lui-même l'ombre charmante de la morte ? Colloques mystérieux, extases spirituelles, qui pourra jamais dire vos chastes délices et vos célestes voluptés ?

Vivante ou dans la tombe, Mme de Beaumont continue à l'inspirer et à le charmer par son souvenir d'une exquise poésie. Aussi lorsqu'on évoque ce passé où se mêlent tant de peines et d'amertumes, est-il possible de ne pas être attendri par la noblesse des sentiments que professait Joubert à l'égard de son amie ? Il n'y a là rien qui ressemble à de l'amour combattu, à du désir réprimé, à de la passion vaincue. Non, c'est une sorte d'affection extra-humaine, un commerce d'indicible spiritualité où s'épanouit seule la libre expansion des âmes.

L'Amour est exclusif de ces délicatesses infinies, presque toujours l'attrait passionnel absorbe au profit de la nature le meilleur de son essence, et, fugitif éclair, il ne laisse après lui que les cendres de l'oubli ou les tortures de la haine.

Pauline de Beaumont était certainement plus que toute autre femme faite pour inspirer au doux Joubert une amitié aussi fidèle et aussi délicieuse. Son génie un peu féminin trouvait en elle l'écho de ses propres tendances, son cœur y trouvait surtout cette merveilleuse correspondance intérieure, sorte de langage sans paroles par lequel se manifestent les intimités de notre être, inexprimables avec des mots.

Mais nous touchons ici au roman de cœur le plus digne d'être respecté ; vouloir analyser les nuances d'une telle tendresse nous paraît une profanation ; il semble qu'en agitant sur ces deux mémoires le flambeau des vaines hypothèses, nous violerions la tombe où Pauline de Beaumont attend dans la Ville Éternelle le réveil de toutes les âmes aux rayons de l'unique Amour.

Cependant, si diverses amitiés ont traversé la vie de Joubert, il est hors de doute, comme nous venons de le voir, que sa liaison avec Mme de Beaumont eut le caractère le plus délicat et le plus élevé.

Ah ! l'amitié entre sexes différents, quel sujet de méditation pour le penseur ! N'y a-t-il pas là comme une fulgurante révélation du secret de la Vie et de la Destinée ?

Le psychologue éclairé ne peut-il trouver dans ce genre exceptionnel de sympathie, matière aux considérations les plus profondes ?

Nous croyons, quant à nous, que les liens exquis qui unirent l'auteur des *Pensées* et la fille de l'infortuné Montmorin peuvent être pris comme type pour la justification d'un point de vue que nous voulons brièvement examiner.

En effet, le sentiment qu'on appelle Amitié, n'est-il pas une conquête décisive faite sur l'animalité dont nous serions primitivement issus, soit par une chute originelle, soit par une évolution normale, et dont nous nous dégageons lentement, insensiblement même, dans l'indéfini du temps et de l'espace, comme l'insecte ailé se dégage de son alvéole ou de sa chrysalide nourricière ? Car en somme qu'est-ce que l'amitié dans son intime essence ? Un sentiment très supérieur à la plupart des sentiments humains, car l'amitié ne procède en rien de la chair, de ses mouvements et de ses désirs.

C'est donc un premier pas fait vers la spiritualité, vers un état de l'âme de plus en plus dégagé
des tyrannies de l'existence animale et de la vie
inférieure, puisque l'amour vulgaire, l'amour des
sens, n'est en somme qu'un reste de la vie sauvage.

Or, la mission de l'homme et sa destinée sont
ascensionnelles ; mais ascensionnelles vers quoi ?
Vers la spiritualisation, c'est-à-dire que nous
aspirons à une existence plus intellectuelle, plus
psychique que celle que nous avons à l'heure
présente, et dont vivront encore probablement de
nombreuses générations.

Mais au bout de la voie douloureuse que gravit
l'humanité en marche, le mot Progrès veut dire tout
simplement que *la chair doit être faite esprit*, et
que les hommes successifs, imparfaits, sortis des
langes de l'animalité et s'élevant par degrés dans
l'ordre supérieur de la Rédemption, doivent aboutir,
comme conséquence de métamorphoses mystérieuses, à l'éclosion de l'Homme nouveau, de l'Hommeesprit, fleur divine de l'humanité terrestre que le
Christ a symbolisée et dont il est le type moral, le
modèle toujours poursuivi dans la suite des âges
et la hiérarchie des mondes.

Si nous voulions pénétrer davantage l'essence de l'Amitié, telle que nous la comprenons, et séparer les éléments divers qui constituent cet état d'âme, il est certain que tout d'abord nous y trouverions une sorte d'instinct et d'attrait sexuel qui constituent une transition heureusement décroissante entre l'animalité pure et l'humanité supérieure.

Cette sympathie si profonde, si indéfinissable qui unit l'Homme et la Femme dans une même sphère d'aspirations, est une sorte de passion, mais de passion sauf le désir. En ce cas il n'existe plus aucun sexe, les appétits de la chair sont écartés, et l'individu est capable de ressentir tous les genres, toutes les nuances, toutes les modalités de l'affection, car alors l'asexualité est absolue.

Seules, nous en convenons, les âmes d'élite sont capables d'inspirer et d'éprouver des sentiments aussi élevés. Ces créatures privilégiées, véritables précurseurs d'une spiritualité plus raffinée, passent dans notre souvenir nimbées d'une auréole mystique et radieuse. Laure et Pétrarque, Dante et Béatrix, immortelles figures qui laissent dans la pensée un lumineux sillon, ne sont-elles pas les incarnations du triomphe de l'esprit opposées au trouble des voluptés charnelles?

Quand une fois on a senti le vide insondable et la rancœur douloureuse des passions grossières, on s'élève à l'intelligence de ces états exceptionnels, où deux pensées, deux sensibilités, deux imaginations s'unissent dans la communion harmonieuse des âmes, qui seule nous place au dessus de l'animal en rehaussant notre nature.

Joubert et Mme de Beaumont personnifient donc à notre siècle cette tendance supérieure. On ne saurait trop méditer la manifestation si délicate de ces deux êtres confondus en un ; on ne saurait trop, disons-nous, comprendre qu'il y a là autre chose qu'un cas anormal, qu'une puérile déviation de l'amour, car le spectacle de ce commerce, si affectueusement intellectuel, doit devenir pour le penseur un sujet de réflexion dont nous avons essayé de faire ressortir toute l'importance.

Après avoir étudié la nature de cette affection où les deux sexes apportent toujours ce qu'ils ont de

meilleur épuré par l'absence des convoitises sen-
suelles, il est curieux de noter quelques-unes des
vues les plus remarquables de Joubert sur cette
période si troublée et en même temps si grosse
d'avenir qu'on appelle le Directoire. Les jugements
que nous allons emprunter çà et là aux lettres de
Mme de Beaumont ont une saveur particulière
d'indépendance et de sagacité. Les hommes et les
événements y sont estimés à leur juste valeur par
un esprit exempt d'ambition et étranger à toute
espèce d'intrigues. Joubert voit et prévoit avec une
souveraine clarté les causes et les effets qui s'agi-
tent autour de lui et préparent l'éclosion d'un
avenir qu'il prophétise avec une lucidité extraordinaire.

Voici par exemple quelques réflexions pleines de
sens, sur Bonaparte, qu'il devine, et sur les hommes
qui l'entourent. « Je voudrais bien voir, écrit-il,
quelle mine vous faites aux associés de Bonaparte.
Pour moi, je ne crois pas qu'on puisse jamais dire
d'eux :

« Soldats sous Alexandre, et rois après sa mort ! »

» La nature avait fait tous ces hommes-là pour

servir de piliers à quelque obscur musée, et on en fait des colonnes d'État : Il est fâcheux de ne sortir de l'horrible règne des avocats que pour passer dans celui de la librairie. Il y a deux classes d'hommes dont les uns sont au dessus et les autres au dessous de la société : les beaux esprits en titre et les coquins de profession. Il faut, me disait autrefois quelqu'un, mettre ceux-ci à Bicêtre et ceux-là à l'Académie, sans jamais les tirer de là. Ce quelqu'un avait raison et tellement raison que si je devenais à mon tour consul et maître, j'en ferais volontiers mon penseur, mais pour être conséquent je n'en ferais pas mon ministre... Une fausse science va succéder à l'ignorance et une fausse sagesse à la folie. On fera mal avec méthode, avec sérénité et avec une inaltérable satisfaction de soi-même. Chacun, content de ses principes et de ses bonnes actions, nous fera périr de langueur dans certaines règles et avec art... Que le ciel désengoue Bonaparte de ces Messieurs et à ce prix qu'il le conserve, car malgré nos anciens dires, la nature et la fortune l'ont rendu supérieur aux autres hommes et l'ont fait pour les gouverner. Mais je n'attendrai rien de bon de son pouvoir et de sa capacité tant qu'il sera assez sot pour croire que Sièyés même a plus d'esprit que lui. Cet homme a dans la tête une grandeur réelle qu'il applique à tout ce qui se trouve avoir autour de lui une grandeur de circonstances. Il confond les individus avec les essences ; *il prend l'Institut pour les sciences,* les écrivains pour des savants, et les savants pour de grands hommes. Son esprit vaste porte en soi les erreurs et les vérités d'un siècle qu'il admire trop. » Puis Joubert ajoute : « Sa raison le détrompera avec le temps, mais en attendant ses préjugés régleront sa conduite en beaucoup de points essentiels, et ses conseillers épaissiront ses préjugés. Quel dommage qu'il soit si jeune, ou qu'il ait eu de mauvais maîtres ! Il laissera, je crois, dans les têtes humaines une haute opinion de lui ; mais s'il vit peu il ne laissera rien de durable ou qui soit digne de durer. »

Transcrivons encore la suite de cette prophétique appréciation du Premier Consul, et voyons de quelle manière il pressent la métamorphose qui doit nécessairement aboutir de Bonaparte à Napoléon. « Voilà ce que je pense sur un homme et des changements qui occupent certainement beaucoup votre attention, comme ils ont occupé la mienne… S'il n'y avait sous le chapeau de Bonaparte d'autre esprit que le sien, et dans le conseil qu'un petit nombre d'hommes sensés, j'espérerais des temps meilleurs ; je croirais même que nous y sommes arrivés, mais avec une pareille cohue d'avis et de talents divers, je suis fortement persuadé que nous allons changer d'époque, sans changer d'esprit et de sort.

» Je l'aime.

» Sans lui on ne pourrait plus sentir aucun enthousiasme pour quelque chose de vivant et de puissant.....

» Qu'il conserve tous ses succès, qu'il en soit de plus en plus digne, *qu'il demeure maître longtemps.* Il l'est, certes, et il sait l'être. Nous avions grand besoin de lui !... Mais il est jeune, il est mortel, et je méprise toujours infiniment ses associés. »

Voici dans un autre ordre d'idées une vérité profonde sous une apparence de badinage indifférent : « J'ai passé mon hiver à fouiller les derniers recoins des antres de l'érudition… Je lis tous les physiciens ; j'étudie les corps et ne rêve que d'eux ; il me tarde d'être quitte des opinions d'autrui pour pouvoir être ignorant en toute sûreté de conscience. C'est un bonheur que j'achète, que je paie, mais que j'aurai si le *Principe Unique* veut me laisser tel que je suis, encore un peu de temps. »

⚜

On sait quel rôle important Joubert eut auprès de l'auteur du *Génie du Christianisme,* combien salutaire fut l'influence de son esprit plein de mesure et d'équilibre sur l'imagination souvent trop ardente et aventureuse du grand écrivain, dont cependant il encourageait à propos les fécondes audaces. Nous ne craignons pas d'affirmer que l'auteur des *Martyrs* et de *René* doit une grande partie de sa gloire littéraire à l'humble et silencieux ami qui, comme il le reconnaissait et se plaisait à le dire fréquemment, *« savait seul mettre du levain dans sa pâte »*.

« Inspirez, mais n'écrivez pas », telle était la devise ordinaire de Joubert. C'est pourquoi, s'il est téméraire de penser qu'il inspira toutes les œuvres du maître, il est exact de dire qu'il l'obligea par ses critiques justes et pénétrantes à les émonder,

à les refondre, à leur donner, en un mot, ce caractère de forte originalité et d'éloquente vigueur.

Fontanes et Joubert ! Voilà les mentors du grand
Chateaubriand.

Empruntons à Sainte-Beuve un charmant parallèle de ces deux influences contraires et dont l'union
fut cependant si favorable à l'épanouissement du
génie que l'on sait.

« Après Fontanes nous ne pouvons nous empê-
cher de nous arrêter un instant, un dernier instant
sur M. Joubert ; Chateaubriand jeune marchait entre
les deux. Jamais poète ne trouva deux critiques plus
doués d'imagination eux-mêmes, deux critiques
amis, mieux faits en tous points pour se compléter
l'un l'autre et pour le servir : si l'un, tout classique,
l'accompagnait et le soutenait avec un dévouement
étonné, l'autre ne s'étonnait pas du tout et devan-
çait toujours. L'un, ferme et net, athlète au besoin,
brisait des lances dans les mêlées pour son ami et
le couvrait de son bouclier ; l'autre, vrai sylphe,
pur esprit, presque sans corps, voltigeait en mur-
murant à son oreille des conseils charmants, *leni
sussurro*. L'un, critique devant le public, plaidait,
défendait et gagnait une cause ; l'autre, intime et

inspirant au dedans, suggérait mille pensées et insinuait bien des hardiesses ; et pour finir par un mot consacré : « L'un était la bride et l'autre l'éperon*. »

Oui, Joubert malgré sa prudence éclairée et son aversion pour les nouveautés dangereuses, avait pressenti le rôle immense que devait jouer son ami ; aussi le poussait-il dans les voies inexplorées de la pensée, où devait germer et jaillir le magnifique épanouissement de la littérature française au xixe siècle, littérature dont Joubert est incontestablement un des précurseurs les plus sérieux.

Ses jugements littéraires, d'une élévation rare, montrent bien quels étaient les trésors de sagacité et de discernement échus à cette vive intelligence. En voici quelques exemples :

« C'est dans la spiritualité des idées que consiste la poésie. »

« Les beaux vers sont ceux qui s'exhalent comme des sons ou des parfums. »

« Il faut que les mots, pour être poétiques, soient chauds du souffle de l'âme et humides de son haleine. »

Chateaubriand et son groupe littéraire. Lévy, Paris.

« Comme le nectaire de l'abeille qui change en miel la poussière des fleurs, ou comme cette liqueur qui convertit le plomb en or, le poète a un souffle qui enfle les mots, les rend légers et les colore. Il sait en quoi consiste le charme des paroles et par quel art on bâtit avec elles des édifices enchantés. »

Notons à présent quelques vues générales et profondes sur l'art d'écrire.

« Il serait singulier, nous dit Joubert, que le style ne fût beau que lorsqu'il a quelque obscurité, c'est-à-dire quelques nuages, et peut-être cela est vrai, quand cette obscurité lui vient de son excellence même, du choix des mots qui ne sont pas connus, du choix des tours qui ne sont pas vulgaires. Il est certain que le Beau a toujours à la fois quelques beautés visibles et quelques beautés cachées. Il est certain aussi qu'il n'a jamais autant de charme pour nous que lorsque nous le lisons attentivement dans une langue que nous n'entendons qu'à demi. »

« Pour bien écrire le français, il faudrait comprendre le gaulois. »

« Notre langue est comme la mine où l'or ne se trouve qu'à de certaines profondeurs. »

« Tout son dans la musique doit avoir un écho ;

toute figure doit avoir un ciel dans la peinture ; et nous qui chantons avec des pensées et qui peignons avec des paroles, nous devrions aussi dans nos écrits donner à chaque mot et à chaque phrase leur horizon et leur écho. »

« Concision ornée, beauté unique du style. »

« Souvent les pensées ne peuvent toucher l'esprit que par la pointe des paroles. »

« Il faut que les pensées naissent de l'âme, les mots des pensées et les phrases des mots. »

Que l'on observe la justesse des maximes suivantes :

« Il y a des formes de pensées et des formes de phrases ; celles-ci quand elles sont seules forment les écrivains inférieurs ; parmi les autres, il faut distinguer celles qui viennent de l'âme. Ces dernières font les écrivains excellents. »

Terminons enfin ces citations par cette dernière pensée dont on ne manquera pas d'admirer la très réelle ingéniosité.

« Il est un style qui n'est que l'ombre, la vague image, le dessin de la pensée ; un autre qui en est comme le corps et le portrait en sculpture. Le premier convient à la métaphysique où tout est vague et étendu, et aux sentiments de piété qui ont quelque chose d'infini. Le second convient mieux aux lois et aux maximes de morale. Le meilleur des deux est celui qui se montre le mieux assorti à ceux qui le parlent et à ceux qui veulent exprimer. De même donc qu'il y a deux sortes de styles, il y a deux sortes d'écrivains, les uns qui dessinent ou peignent leur pensée, la laissant pour ainsi dire collée à leur papier comme un tableau à la toile, les autres qui y gravent la leur, l'y enfoncent et l'en détachent en lui donnant un relief qui la fait nettement ressortir... Achever sa pensée ! cela est long, cela est rare, cela cause un plaisir extrême. Car les pensées achevées entrent aisément dans l'esprit ; elles n'ont même pas besoin d'être belles pour plaire. Il leur suffit d'être finies. La situation de l'âme qui les a eues se communique aux autres âmes et y transporte son repos. »

On voit d'après ces divers extraits quelles connaissances merveilleuses possédait Joubert en matière de style. Les secrets de l'inspiration, le mécanisme savant de la mise en œuvre et de la composition, rien n'échappe au coup d'œil judicieux de l'incomparable critique.

« Pour ce qui est de M. Joubert, écrit Sainte-Beuve, je dirai que c'est presque un malheur que d'avoir connu dans sa vie de tels hommes. *Les esprits communs peuvent se donner la consolation de les trouver précieux,* mais ceux qui les ont une fois goûtés sont tentés bien plutôt de le rendre à tous ces prétendus gens d'esprit et de les trouver communs à leur tour. En avoir une fois connu, un de ces esprits divins qui semblent nés pour définir le mot du poète, *divinæ particulam auræ,* c'est être dégoûté à jamais de tout ce qui n'est pas fin, délicat, délicieux, de tout ce qui n'est pas le parfum et la pure essence ; c'est se préparer assurément bien des ennuis et bien des malheurs[*] ! »

Reprenons maintenant l'étude de la *Correspondance* au point où nous l'avions laissée, c'est-à-dire aux lettres de Joubert à Mme de Beaumont, et voyons s'il ne nous sera pas possible d'en citer quelques fragments frappés au coin de la délicatesse et de la

[*] *Chateaubriand et son groupe littéraire.* Lévy, Paris.

profondeur. Puisque nous venons d'indiquer le rôle du penseur et du critique auprès de son ami Chateaubriand, il n'est pas inopportun de connaître l'appréciation de Joubert sur *Atala,* appréciation qu'il développe avec un art infini dans une lettre adressée à Mme de Beaumont, de Villeneuve-sur-Yonne, le 6 mars 1801.

Nous ne croyons pas que l'auteur d'*Atala* ait été jugé avec plus de finesse et de sagacité. A titre de document prophétique, cette lettre mérite d'être retenue.

« Je ne partage point vos craintes, car ce qui est beau ne peut manquer de plaire ; et il y a dans cet ouvrage une Vénus, céleste pour les uns, terrestre pour les autres, mais se faisant sentir à tous. Ce livre n'est pas un livre comme un autre. Son prix ne dépend point de sa matière, qui sera cependant regardée par les uns comme son mérite, et par les autres comme son défaut. Il ne dépend pas même de sa forme, objet plus important où les juges trouveront peut-être à reprendre, mais ne trouveront rien à désirer. Pourquoi ? Parce que pour être content le goût n'a pas besoin de trouver la perfection. Il y a un charme, un talisman qui tient aux doigts de l'ouvrier. Il l'aura mis partout, parce qu'il a tout manié, et partout où sera ce charme, cette empreinte, ce caractère-là aussi sera un plaisir dont l'esprit sera satisfait. Je voudrais avoir le temps de vous expliquer cela, et de vous le faire sentir pour chasser toutes vos poltronneries ; mais je n'ai qu'un moment à vous donner aujourd'hui, et je ne veux pas différer de vous dire combien vous êtes peu raisonnable dans vos défiances. Le livre est fait et par conséquent le moment critique est passé. *Il réussira parce qu'il est de l'enchanteur.* S'il y a laissé des gaucheries, c'est à vous que je m'en prendrai, mais vous m'avez paru si rassurée sur ce point, que je n'ai aucune inquiétude. Au surplus, eût-il cent mille défauts, il a tant de beautés qu'il réussira : voilà mon mot ! »

Les rapports de Joubert avec « l'admirable intelligence » de Mme de Beaumont avaient souvent un caractère spéculatif très élevé. Les questions les plus ardues de la métaphysique, les considérations les plus substantielles sur la religion et la philosophie émaillent souvent cette curieuse correspondance. Voici l'opinion du moraliste sur la doctrine de Kant, alors toute nouvelle et fort à la mode en ce temps-là — nous sommes en 1801, — opinion donnée avec tout le laisser-aller d'une libre intimité : « J'en suis pour la doctrine de Kant sur ce que je vous ai dit en vous quittant ; et j'ajoute qu'il s'est trompé du tout au tout sur la mesure de toute chose. Je la fais remonter plus haut et j'ai raison. La mesure de toute chose est l'*Immobile* pour le *mobile*, l'*Infini* pour le *limité,* le *Même* pour le *changeant,* l'*Éternel* pour le *passager.* L'esprit n'est content d'aucune autre. Dieu est aussi nécessaire à la métaphysique qu'à la morale, et plus encore... » Et plus loin... « Kant, ce terrible Kant qui doit changer le monde, ce Kant qui tourne tant de têtes, qui occupait tant la mienne et qui a fait rêver la vôtre, Kant, enfin, le grand Kant,

> *... Ce Kant dont les sourcils*
> *Font trembler les savants dans leurs chaires assis.*

Ce terrible Kant est traduit, et traduit presque tout entier ; mais il n'est traduit qu'en latin ! J'ai lu ses critiques, toutes ses critiques, à l'exception de celle du droit, que j'ai tenue entre mes mains et que j'aurai dès ce soir si cela me plaît. Quatre grands volumes in-octavo qui me coûtent, s'il vous plaît, trente-six grosses livres, argent de France ! C'est le papier le plus cher de la librairie. Figurez-vous un latin allemand dur comme des cailloux ; un homme qui accouche de ses idées sur son papier et qui n'y met jamais rien de net, de tout prêt et de tout lavé ; des œufs d'autruche qu'il faut casser avec sa tête et où, la plupart du temps, on ne trouve rien... Que voulez-vous que je vous dise ? je bats les champs en parlant de cet homme parce qu'il les bat aussi en parlant à son lecteur. Il ne permet ni de juger vite ni de lui, ni de ce qu'il dit. Il n'est pas clair, c'est un fantôme, un mont Athos taillé en philosophe... enfin je suis las d'y penser. »

Maintenant quels admirables conseils donnés par Joubert à Chateaubriand sur la composition du *Génie du Christianisme* par le gracieux et tout puissant intermédiaire de Mme de Beaumont. « Dites-lui qu'il en fait trop ; que le public se souciera fort peu de ses citations, mais beaucoup de ses pensées, que c'est plus de son génie que de son savoir qu'on est curieux ; que c'est de la beauté et non de la vérité qu'on cherchera dans son ouvrage, que son esprit seul et non pas sa doctrine en pourra faire la fortune ; qu'enfin *il compte sur Chateaubriand pour faire aimer le Christianisme et non sur le Christianisme pour faire aimer Chateaubriand.* J'avouerai à la suite de ce blasphème qu'il ne doit rien dire, lui, qu'il ne croie la vérité; que pour le croire, il faut qu'il se le prouve, et que pour se le prouver il a besoin de lire, de consulter, de compulser, etc. Mais en dehors de là, qu'il se souvienne bien que toute étude lui est inutile; qu'il a pour but dans son livre de montrer la beauté de Dieu dans le Christianisme, et qu'il se propose une règle imposée à tout écrivain par la nécessité de plaire et d'être lu facilement, plus impérieusement imposée à lui qu'à tout autre par la nature même de son esprit, esprit à part, qui a le don de transporter les autres. Hors et loin de lui tout ce qui est connu... *L'art est de cacher l'art.* Notre ami n'est point un tuyau comme tant d'autres; c'est une source, et je veux que tout paraisse jaillir de lui. »

La correspondance de Joubert avec Mme de Beaumont cesse en 1803, année de la mort de cette femme exceptionnelle qui, comme nous l'avons déjà dit, possédait au plus haut degré ce magique talisman qu'on appelle le charme.

Ce fut M. de Fontanes qui se chargea d'apprendre à Joubert l'affreuse nouvelle de cette mort irréparable pour le pauvre valétudinaire. Pauline de Montmorin était en effet le meilleur de sa vie, sa consolation, son espoir, son étoile.

« Il honora de bien des larmes, nous dit M. Paul de Raynal, les funérailles lointaines de l'amie qui lui avait été si chère. La nouvelle du triste événement lui était parvenue à Villeneuve. Il y resta tout l'hiver suivant, silencieux et enveloppé dans sa douleur. Il ne se consola jamais de la mort de cette jeune femme qui n'avait paru dans la vie que pour en souffrir tous les maux, de celle qu'il appelait encore « la plus nécessaire de ses correspondances ». Et s'adressant à M. de Chênedollé, il lui écrit : « Je ne vous dirai rien de ma douleur, elle n'est point extravagante, mais elle sera éternelle. »

Touchante union de deux âmes supérieures, tendre amitié d'homme à femme, la liaison de Joubert et de Mme de Beaumont est un exemple frappant mais rare de ce que peut engendrer le commerce de la spiritualité dégagé de toute préoccupation d'un ordre inférieur. Délicieuse harmonie du cœur et de l'esprit, rien au monde ne ressemble à ces doux effluves de sympathie entre deux sexes dont la nature s'affine, s'agrandit, se complète par le contraste même de leurs facultés distinctives. Nous comprendront seuls ceux qui dans leur vie ont eu le bonheur de posséder cet inestimable trésor : une amitié féminine. Ceux-là seuls connaissent les joies exquises de deux sensibilités, de deux intelligences vivant à l'unisson dans les sphères idéales de la perfection et de la vertu.

Notre intention n'est pas d'analyser par le menu la totalité des lettres de Joubert, un volume ne suffirait pas à cette intéressante et curieuse vulgarisation.

Il nous suffira de renvoyer aux sources [*] le lecteur désireux de suivre pas à pas l'existence de cet homme qui fut Joubert et que l'élite commence seulement de nos jours à connaître et à apprécier à sa très haute valeur.

[*] *Lettres de Joubert.* Perrin, éditeur, Paris.

Comme l'étendue se réduit au point mathématique, la pensée doit atteindre son maximum de condensation dans l'aphorisme, dont la forme, faite de concision, élimine toutes les superfluités.

Aussi l'esprit porté vers les idées générales ne saurait trouver de repos ailleurs que dans ce genre particulier d'expression. Mais la rareté des esprits capables de se nourrir de la substance des vues synthétiques est trop flagrante pour ne point restreindre forcément le cercle des admirateurs de ces hommes d'élite, de ces moralistes bienfaisants à la famille desquels Joubert appartient si complètement.

L'auteur des *Pensées* sera-t-il jamais populaire dans l'acception banale que l'on donne à ce mot? Nous ne le croyons pas. Ne le comprendront point ceux qui n'ont jamais senti l'aiguillon du parfait, ceux qui n'ont jamais souffert de la maladie du délicat alliée au fanatisme de l'impeccable concision. Mais, si ces intelligences supérieures, si ces natures exquises comme le fut celle de Joubert n'attendent rien de l'admiration de leurs contemporains elles sont destinées à susciter dans l'avenir des sympathies ardentes bien dignes de dédom-

mager leur mémoire de l'ingratitude et de l'indifférence de ceux qui les coudoyaient sans les
connaître.

Montaigne, La Bruyère, Pascal, Vauvenargues,
ne sont-ils pas aujourd'hui plus grands qu'ils ne le
paraissaient au xvi⁰ siècle, à l'époque de Louis XIV
et dans la France frivole de Voltaire? L'atmosphère
du temps, faite de préjugés, de passions ou de
haines, s'est dissipée pour la plus grande gloire de
ces hommes exceptionnels. Les démêlés de Pascal
et des Jésuites n'intéressent plus aujourd'hui personne ; la lutte de Montaigne contre le roi de
Navarre, son enthousiasme pour les ligueurs, puis
son intimité avec Henri IV sont oubliés et n'entrent
pour rien dans l'admiration que nous causent maintenant ses *Essais ;* les malicieuses allusions de La
Bruyère sur les courtisans de Chantilly ou de Ver-
sailles, sont incomprises aujourd'hui et n'ajoutent
rien à l'excellence de son œuvre ; les disgrâces de
Vauvenargues et ses ambitions méconnues se sont
évanouies elles aussi dans cette atmosphère « du
temps essentiellement fugitive ».

La Postérité prend les hommes tels qu'ils sont,
c'est-à-dire avec leur valeur propre ; et l'on peut

affirmer que la célébrité posthume est le crible qui rend à chacun ce qui lui appartient.

Les réclames retentissantes, la camaraderie complaisante, les engouements éphémères, peuvent bien pendant un certain temps tenir en haleine l'attention publique frivole par nature ; mais les talents véritables, empêchés pour une heure de monter au degré de notoriété qu'ils méritent, finissent par surnager au dessus du flot des époques philosophiques et littéraires ; tels les corps légers longtemps retenus par des circonstances défavorables dans les régions inférieures de l'atmosphère, montent un jour vers l'infini de l'espace où les attirait irrésistiblement leur densité spécifique ; aussi Joubert a-t-il raison d'écrire que « s'il est pardonnable de juger les vivants avec son humeur, il n'est permis de juger les morts qu'avec sa raison. Devenus immortels, ils ne peuvent plus être mesurés que par une règle immortelle : celle de la Justice ».

Que restera-t-il dans cent ans de cette société littéraire qui illustra le premier quart du siècle ?

Que restera-t-il de Fontanes, de Mme de Staël, de Chênedollé, de Molé, de Benjamin Constant, et de celui qui les domine tous, du grand Chateaubriand lui-même ? Que restera-t-il ? Nous nous le demandons en toute sincérité.

Il restera Joubert.

Oui ! Quelque excessive que puisse paraître une semblable affirmation, pour ceux qui ne connaissent pas l'œuvre du moraliste, nous n'hésitons pas à croire que les *Pensées* et la *Correspondance* demeureront comme un des monuments les plus durables de l'esprit français.

Le moraliste vivra, car il est comparable aux plus grands ; le philosophe vivra lui aussi, car ses spéculations ont franchi « la zône des nuages pour se jouer dans la lumière » ; le critique d'art et le critique littéraire demeureront aussi, car Joubert est un admirable juge de l'essence du beau et des choses de l'esprit, — peu d'hommes ayant possédé un tempérament d'esthéticien aussi remarquable. — Il restera surtout comme l'ami fidèle, le consolateur ineffable des âmes souffrantes et des cœurs lassés ; car, il n'est pas d'amertumes, pas d'angoisses, pas de chagrins, pas de tortures morales qui ne s'évanouissent — fantômes cruels — au contact de sa sérénité, de sa bonté, de son espoir sublime et radieux : tels les brouillards de la nuit se dissipent sous les rayons du Soleil levant.

⚜

Joubert doit avoir sa place parmi les génies qui ont le plus honoré notre pays. Il doit prendre rang au Panthéon de nos vraies gloires nationales, c'est-à-dire faire partie de la phalange des moralistes et des penseurs qui, commençant à Montaigne, se continue par La Boëtie, Saint-Cyran, de Sacy, Arnauld, Nicole, Pascal, La Rochefoucauld, La Bruyère, Vauvenargues, Chamfort, Rivarol, etc., et qui à notre siècle a pour représentants plus ou moins illustres : de Bonald, de Maistre, Mme Swetchine, de Gasparin, Doudan, la comtesse Diane*, l'abbé Roux*, etc., auquel nous tenons à emprunter, pour résumer cette étude, une très belle suite de parallèles où Joubert, comme on va le voir, tient peut-être le plus enviable rang :

* Les *Maximes de la vie* et le *Livre d'or de la Comtesse Diane*. Ollendorff, Paris.
* *Pensées*. Lemerre, Paris.

« Pascal est sombre, La Rochefoucauld amer, La Bruyère malin, Vauvenargues mélancolique, Chamfort âcre, Joubert bienveillant, Swetchine douce.

» Pascal cherche, La Rochefoucauld suspecte, La Bruyère épie, Vauvenargues compatit, Chamfort condamne, Joubert excuse, Swetchine plaint.

» Pascal a une obsession, La Rochefoucauld un parti-pris, La Bruyère un point de vue, Vauvenargues une souffrance, Chamfort une rancune, Joubert une aspiration, Swetchine un espoir.

» Pascal rapporte tout à une folie, La Rochefoucauld à un vice, La Bruyère à un travers, Vauvenargues à un sentiment, Chamfort à un abus, Joubert à un idéal, Swetchine à une croyance.

» Pascal est profond, La Rochefoucauld pénétrant, La Bruyère sagace, Vauvenargues délicat, Chamfort paradoxal, Joubert ingénieux, Swetchine contemplative. »

⚜

Enfin si les hommes d'esprit et les hommes de bien valent mieux que leurs livres, Joubert doit tenir une très grande place dans l'estime des hommes, car personne ne fait mieux comprendre que lui ce passage de La Bruyère, que nous rappelons à nos lecteurs : « Quand un livre vous élève l'âme et qu'il vous inspire des sentiments nobles et courageux, ne cherchez pas une autre règle pour juger de l'ouvrage, il est bon et fait de main d'ouvrier. »

C'est sur cette pensée que nous voulons terminer, en espérant que nous aurons contribué par nos humbles efforts à donner au doux et mélancolique Joubert des admirateurs, c'est-à-dire des amis nouveaux.

Il n'est pas une âme noble, un esprit droit, un cœur généreux qui ne se sente délicieusement captivé par sa philosophie screine et consolante, touché par sa morale d'une indulgente austérité, enlevé par l'essor de ses spéculations métaphysiques, charmé par son commerce délicat, enthousiasmé par ses conceptions d'art d'un idéalisme transcendant, en un mot rendu meilleur par la fréquentation de ce génie bienfaisant, dont toute l'existence fut un hymne ininterrompu à l'auguste Trinité du Beau, du Juste et du Saint, de celui qui a écrit, se résumant en quelque sorte tout entier. « Heureux ceux qui ont une lyre dans le cœur et dans l'esprit une musique qu'exécute leurs actions ! Leur vie entière aura été une harmonie conforme aux Nômes Éternels. »

IMPRIMERIE-STÉRÉOTYPIE GARET

RUE DES CORDELIERS, 11

PAU